Johanna Friedl

Das Ballspiele Buch

**Rollen, werfen, fangen, zielen –
Ballspiele mit Kindern
für alle Gelegenheiten**

Illustrationen von Kasia Sander

Ökotopia Verlag, Münster

Impressum

Autorin   Johanna Friedl

Illustratorin Kasia Sander

Satz   Hain-Team Weimar

ISBN   3-936286-63-9

Inhalt

Vorwort

Kinder tummeln sich auf dem Spielplatz, im Garten oder auf freiem Feld und immer wieder fliegt ein bunter Ball durch die Luft, rollt über die Wiese oder hüpft durch den Hof. Der Ball ist ständig in Bewegung, genau wie die Kinder, die ihn werfen und fangen, rollen und kicken und immer wieder neu seiner Faszination erliegen.

Doch nicht nur Kinder können einem Ball, der durch die Luft saust, kaum widerstehen, auch Erwachsene erliegen oft augenblicklich dem Reiz den Ball einzufangen und laufen hinter ihm her. Ja, sogar alte Leute halten sich mit Ballspielen aller Art fit und beweglich ...

Überall auf der Welt treffen sich täglich Alte und Junge auf unzähligen Sport- und Kickplätzen oder in Turnhallen, um Fußball, Handball, Volleyball, Tennis oder irgend einen anderen Ballsport auszuüben, um zusammen zu spielen und Spaß zu haben – und ganz nebenbei trainieren sie dabei ihre motorische und geistige Beweglichkeit und Geschicklichkeit.

Ballspielen macht alleine und in großen Gruppen Spaß, leicht lassen sich Spielorte finden, drinnen – ob in kleinen Räumen oder in großen Hallen – wie draußen.

Das Ballspiel entspricht so sehr dem grundlegenden Bedürfnis und der Lust eines Kindes (aber auch eines Erwachsenen) nach Bewegung, dass der Ball als wichtigstes Spielzeug aus keiner Kindheit, aber auch aus wenigen Erwachsenenleben wegzudenken ist.

Das Ballspiel fördert und fordert die Kinder selbstverständlich und natürlich und lässt sich ihren Bedürfnissen und Fähigkeiten jederzeit so individuell anpassen, dass sie sich ohne Druck oder Angst bewegen können – ohne ein Versagen befürchten zu müssen.

Dieses Buch bietet vielfältige Spiel- und Beschäftigungsanregungen mit dem Ball, als Ergänzung zu bekannten und eigenen Ideen, für alle Gelegenheiten und Altersgruppen, für das freie Spiel und zur gezielten Förderung.

Zum Umgang mit dem Buch

Bevor den Kindern angeleitete Ballspiele angeboten werden, sollten sie immer erst Zeit haben, selbstständig mit dem Ball zu spielen und zu experimentieren. Der Ball birgt unendlich viele Spielmöglichkeiten in sich und es wäre schade, den Kindern die Gelegenheit zu nehmen viele davon selbst für sich zu entdecken.

An diesen Ideen und Fähigkeiten der Kinder anknüpfend bietet dieses Buch eine Fülle an Anregungen und Angeboten für Kinder ab drei Jahren – nach oben sind keine Grenzen gesetzt. Es beginnt mit der einfachen Technik des Rollens und Zurollens, geht zu ersten Werf-, Ziel- und Fangspielen über, bis hin zu sehr aktions- und bewegungsreichen Spielen, die bereits differenzierte Körperbeherrschung voraussetzen. Abgerundet wird die Sammlung mit dem Kapitel Ballfantasien, in dem sich ungewöhnliche oder unübliche Ideen mit Bällen finden.

Naturgemäß lädt der Ball zum gemeinschaftlichen Spiel mit SpielpartnerIn(nen) ein und so finden sich viele Spielanregungen für Kindergruppen. Aber auch Anregungen für ein Kind alleine (oder für Gruppen mit einem Ball für jedes Kind) kommen nicht zu kurz. Die Spiele werden meist mit (einfacheren oder schwierigeren) Varianten für Kinder unterschiedlichen Alters mit unterschiedlicher Ballerfahrung vorgestellt. Manchmal empfiehlt es sich ein Spiel vereinfacht einzuführen, evtl. Teile zunächst wegzulassen und erst bei der nächsten Wiederholung zu ergänzen. Spiel-Wiederholungen fest einzuplanen ist grundsätzlich sinnvoll, weil Kinder erst mit der Zeit das Gefühl bekommen, dass sie ein Spiel

(eine Spieltechnik) beherrschen. Die wichtigste Motivation der Kinder, gerade im Spiel mit dem Ball, ist nicht der Wettkampf, sondern das Erleben der eigenen Kompetenz, die immer mehr zunimmt.

Je nach Spielanlass, kann es sinnvoll sein, die Spiele gezielt auszuwählen, um die Kinder durch verschiedene Bewegungs- und Spielangebote mit dem Ball intensiv zu fördern und zu trainieren.
Angaben dazu finden sich in den einleitenden Texten, Hinweisen, Tipps und bei den vorangestellten Angaben zu Alter, Gruppengröße und verwendetem Material.

Kriterien für die Auswahl der Spiele:

Auswahl nach Spielart
- Rollen und Zurollen
- Werfen, Zielen und Fangen
- Aktionsspiel
- Geschicklichkeitsspiel
- Ganzkörpertraining

Auswahl nach Spielanlass
- gezielte Bewegungs- und Spielmöglichkeiten fördern
- allein oder in (großer) Gruppe spielen
- ruhig oder schnell
- im Raum oder freien Gelände spielen

Auswahl der Spiele nach
- Alter und Ballerfahrung
- Ballart

Zur Entwicklung des Ballspiels

Schon Fröbel erkannte den Ball als eine der wichtigsten und erste der so genannten Spielgaben und hat damit seine Bedeutung für das Spiel des Kindes und für seine Entwicklung hervorgehoben: Der Ball wurde bereits dem Säugling an einer Schnur als Guck- und Greifzeug angeboten und sollte das Kind zu Bewegung, Wahrnehmung und Geistestätigkeit anregen.

Die „natürliche" Entwicklung des Ballspieles erfolgt in Phasen

Die Entwicklung des Ballspiels erfolgt immer vom Greifen über das Rollen und Werfen und endet erst sehr viel später beim Fangen.

- Das Kleinkind ist fasziniert von dem runden Etwas und *befühlt, tastet* und *ergreift* einen Ball immer und immer wieder.
- Schon bald erscheinen ihm die Möglichkeiten den Ball nicht nur zu greifen, sondern ihn zu *rollen, zu werfen und zu stoßen* viel aufregender und abenteuerlicher.
- Sobald ein Kind sich vorwärts bewegen kann, liegt die besondere Anziehungskraft des Balles in den intensiven Bewegungsanreizen. Die überraschenden, nicht vorhersehbaren und deshalb faszinierenden Bewegungen des Balles wollen immer wieder entdeckt, erprobt, genossen werden und bringen schon die Kleinsten dazu, ihm auf allen Vieren nachzukrabbeln, nachzulaufen, nach ihm zu greifen ...
- Schließlich entdeckt ein Kind die Möglichkeit, den Ball an einem Hindernis, etwa an einer Wand abprallen zu lassen und das faszinierende Spiel *mit* dem Ball als einer Art Spielpartner beginnt.
- Der Ball wird schließlich nicht mehr nur ergriffen, sondern auch *gefangen*, beziehungsweise *aufgefangen*. Und schon bald gehören Werf- und Fangspiele zum alltäglichen Spielerlebnis.

Ab diesem Zeitpunkt verlaufen die Ballerfahrungen der Mädchen und Jungen meist unterschiedlich.

⊙ Mädchen verfeinern ihre Werf- und Fangfertigkeit durch ausdauernde Übungen mehr und mehr. Das Ballspiel besteht für einige Zeit aus einfachem Werfen, Abprallen, Auffangen, erneutem Werfen …
Immer neue Differenzierungen, Verfeinerungen und Steigerungen der Schwierigkeit – immer neue Spielvarianten – entstehen. Die Kinder verbringen oft Stunden mit Werf- und Fangspielen, wie *Zehnerleball*, auch *Ballschule* genannt, oder Ähnlichem.

⊙ Jungen erproben zeitgleich meist einfache Formen des Fußballspiels. Geht es zunächst nur darum, den Ball zu treffen, werden schon bald neue Ziele angestrebt. Der Ball soll möglichst weit, möglichst schnell und möglichst hoch gekickt werden. Die Kinder versuchen, den Ball einem Spielpartner geschickt abzuluchsen und ihn möglichst lange bei sich zu behalten. Aus diesem Spiel entwickelt sich schließlich der Ehrgeiz, möglichst treffsicher auf ein Ziel, beziehungsweise in ein Tor zu schießen. Kraft und Geschicklichkeit, Reaktionsfähigkeit und Ausdauer werden lange trainiert, bevor es zu einem genau geregelten Teamspiel kommt.

Bälle bieten vielseitige Fördermöglichkeiten

Der Ball ist das bedeutendste und geeignetste Sport- und Spielgerät zur Förderung der motorischen wie geistigen Entwicklung. Idealerweise sollte für das Ballspiel viel Platz, am besten im Freien, zur Verfügung stehen, damit Kinder ihre Bewegungsfähigkeit mit dem Ball voll entfalten können.

Ballspiel zur Förderung der motorischen Entwicklung

Mit den positiven Auswirkungen des Ballspieles auf die körperliche und motorische Entwicklung ließe sich eine lange Liste füllen. Um nur einige zu nennen: Herz und Kreislauf werden trainiert, die Atemleistung gesteigert, die Ausdauer erweitert, die Muskeln gekräftigt, ein differenziertes Haltungsgefühl angebahnt und die Haltung verbessert, die Koordinationsfähigkeit gefördert und das Gleichgewichtssystem angeregt, die Reaktionsfähigkeit gesteigert, ein Gefühl für Rhythmus entwickelt und vieles, vieles mehr!

Der Ball bietet vielseitige Fördermöglichkeiten für die motorische Entwicklung. Der starke Bewegungsreiz des Balles bewirkt wie von selbst einen Impuls, sich auf unterschiedlichste Weise zu bewegen. Weil Kinder ausreichend Zeit benötigen, um die Bewegungsmöglichkeiten mit dem Ball auszuprobieren, sollten sie häufig die Gelegenheit haben, frei mit einem Ball zu spielen. Nach diesem freien Spiel werden Kinder eher bereit und auch fähig sein, sich auf ein Ballspiel mit vorgegebenen Regeln einzulassen.

Ein Ballspiel besteht fast immer aus dem ständigen Wechsel zwischen An- und Entspannung, zwischen Bewegung und Ruhepause. Dadurch entsteht eine Art Intervalltraining, das die körperliche Leistungsfähigkeit und Ausdauer, also die **Kondition,** aber auch die **Gewandtheit** und

Geschicklichkeit der Kinder stärkt. Sie lernen, die Bewegung des Balles abzuschätzen und die eigenen Bewegungen darauf abzustimmen.

Bälle bewegen sich meist schnell und oft unerwartet und fordern Kinder zu schnellen **Reaktionen** heraus. Dabei erlangen sie zunehmend Sicherheit im Werfen und Fangen. Wenn Kinder das gleiche Spiel mit Bällen spielen, die sich in Größe und/oder Material unterscheiden, üben sie sehr verschiedene Bewegungsabläufe, weil die Bälle immer wieder anders und oft unerwartet reagieren. Ballspielende Kinder entwickeln eine große **Spiel-** und **Bewegungskreativität**.

Der Spaß am Ballspiel ist die beste Voraussetzung, um auch Kinder zu begeistern und gezielt zu fördern, die über wenig Ballerfahrung verfügen. Viele Anregungen aus den Kapiteln *Bälle rollen für kleine und große Kinder* und *Erstes Werfen, Zielen und Fangen* eignen sich besonders gut für eine gezielte Förderung, wenn Kinder noch „Nachholbedarf" haben.
Ballunerfahrene Kinder werden mit einfachen Spielen herausgefordert. Während der Schwierigkeitsgrad langsam gesteigert wird, trainieren die Kinder die typischen „Balltechniken" ohne sich überfordert zu fühlen.
Die Grundformen, die im Umgang mit dem Ball geschult werden können, sind *Rollen, Werfen, Fangen* und *Prellen*.

Ballspiel zur Förderung der sozialen Entwicklung

Ein Ball bietet grenzenlose Möglichkeiten: Ein sehr intensives und ausdauerndes Spiel ganz allein ist genauso selbstverständlich möglich, wie ein Spiel mit einem oder mehreren SpielpartnerInnen.

Ballspiele sind sehr häufig Spiele, in denen Kinder einander ganz ungezwungen begegnen können. Dabei spielt Alter und Geschlecht oft keine Rolle – nur das Zusammenspiel mit anderen Kindern, das Miteinander und nicht das Gegeneinander steht im Vordergrund. Zugunsten eines gemeinsamen Spieles wandeln Kinder die Regeln einfach ab und stellen sich auf die Fähigkeiten der anderen ein. Kinder, die zusammen Ball spielen, üben nicht nur Regeln einzuhalten, sondern auch aufeinander Rücksicht zu nehmen und zu warten, bis sie an der Reihe sind. Manchmal ist es notwendig eine Reihenfolge einzuhalten oder die Wurfstärke auf die Fähigkeiten des Spielpartners abzustimmen, damit ein gemeinsames Spiel möglich wird.

Auf dem Pausenhof einer Grundschule spielen mehrere Kinder aus verschiedenen Klassen miteinander „Tigerball". Die Kinder stellen sich dazu im Kreis auf und spielen einander den Ball zu, während ein Kind als Tiger in der Mitte versucht, den Ball zu schnappen. Weil Kinder aus der ersten Klasse zusammen mit Kindern aus der zweiten, dritten und vierten Klasse spielen, einigen sich alle, dass der Ball über den Boden gerollt wird, wenn ein Tiger aus der ersten oder zweiten Klasse in der Mitte ist. Spielt ein ballerfahrener Tiger mit, wird der Ball geworfen. Als ein Tiger schon eine ganze Weile in der Mitte ist und offenbar langsam die Lust verliert, entscheiden die Kinder, dass jeder Tiger selbst entscheiden kann, ob der Ball gerollt oder geworfen werden soll.

Durch das Zusammenspiel und durch die Notwendigkeit aufeinander Rücksicht zu nehmen, entwickelt sich Kooperationsbereitschaft und eine intensive Partnerschaft zwischen den spielenden Kindern. Gerade beim Ballspiel fällt es Kindern besonders leicht, sich anderen Kindern anzuschließen.

Bälle, Bälle, Bälle ...

Balltypen und ihre Verwendung

Es gibt Bälle in nahezu endlosen Variationen und Arten. Es macht durchaus Sinn, viele verschiedene Bälle zur Verfügung zu haben und immer wieder einmal andere Bälle für ein Spiel einzusetzen.

Beachten Sie bei der Auswahl eines Balles Ballerfahrenheit und Können, Spiel- oder Übungsart und die Empfehlung in der Spielbeschreibung. Wenn für ein Spiel immer wieder verschieden schwere und verschieden große Bälle eingesetzt werden, variiert sein Schwierigkeitsgrad und erfordert eine gewisse Anpassungsleistung der SpielerInnen.

Hinweis: Anregungen, welche Bälle und Wurfobjekte sich besonders für erste Werf-, Ziel- und Fangübungen besonders eignen, finden Sie auch in der Einführung zum Kapitel *Erstes Werfen, Fangen und Zielen.*

Übrigens! Das ideale Transportmittel für einen Ball ist immer noch ein Ballnetz. Im Netz ist die Gefahr nicht so groß, dass der Ball zum Beispiel auf dem Weg zum Spielplatz auf die Straße rollt.

Welcher Ball wofür

 Nicht alle Bälle sind für alle Kinder oder alle Spiele gleichermaßen geeignet. Größe, Gewicht und Material setzen hier manchmal Grenzen beziehungsweise geben vor, für wen oder wofür ein Ball geeignet ist. Jeder Ball muss anders gegriffen werden, jeder Ball fühlt sich anders an und bewegt sich in unterschiedlicher Geschwindigkeit. Schwere oder sehr harte Bälle eignen sich zum Beispiel meist wenig für Fangspiele und für Kinder mit wenig Ballerfahrungen – die Verletzungsgefahr ist größer und die Kinder bekommen leicht Angst vor dem Ball. Grundsätzlich gilt: Je größer und leichter ein Ball ist, desto besser kann er für erste Wurfübungen *und* zum Fangen eingesetzt werden.

 Schaumstoffball, Gymnastikgummiball, Moosgummiball oder Babyball

ca. 6 bis 20 cm Durchmesser (eventuell ein Stoffball oder ein aufblasbarer Ball mit Stoff überzogen)
Diese leichten Bälle sind sehr vielseitig. Sie können zum Spielen drinnen und draußen eingesetzt werden, lassen sich gut anfassen und greifen, machen nichts kaputt, bergen keine Verletzungsgefahr und eignen sich besonders für Werfübungen und wenn sie groß genug sind auch für Fangübungen.

 **Basketball, Kinderbasketball** (etwas kleiner)

Sehr griffige Bälle, die sicher in der Hand liegen und gut zum Werfen geeignet sind.

 Plastikball, Plastikfußball, Gymnastikball aus Plastik

ca. 16 bis 24 cm Durchmesser:
Leichte bis mittelschwere, zum Teil sehr elastische Bälle, die eine hohe Sprungkraft haben und deshalb nicht nur zum Werfen und Fangen, sondern auch zum Prellen gut geeignet sind.

 Lederfußball

In der Regel etwas schwerer als ein Plastikfußball und daher nicht zum Werfen geeignet.

 Volleyball

ca. 16 bis 18 cm Durchmesser
Sehr gut springender Spielball.

 Jonglierball

ca. 5 cm Durchmesser
Sehr kleiner und leichter Ball, der gut gegriffen, aber auch gut geworfen werden kann.

 Tennisball

Ein kleiner Ball, der sich besonders zur Entwicklung der Wurffähigkeit mit einem Arm eignet. Einen Tennisball kann ein ungeübtes Kind nur schwer fangen.

 Medizinball

ab ca. 20 cm und mehr Durchmesser, mindestens 1000 g schwer
Diese besonders schweren Bälle eignen sich zum Rollen und für Gymnastikübungen zur allgemeinen Kräftigung der Muskulatur.

Neben den allgemein bekannten und handelsüblichen Bällen in Normalgröße, die vielseitig zu verwenden sind, gibt es einige Bälle mit Besonderheiten bezüglich Material und Beschaffenheit:

Hüpfbälle
meist mit Haltegriffen

Neben ihrer Funktion als Hüpfbälle sind sie auch für Gymnastik- und Balanceübungen geeignet.

 ### Igelbälle
sind Bälle mit Noppen

Diese Bälle fühlen sich besonders interessant an und eignen sich nicht nur für verschiedene Ballspiele, sondern auch für entspannende Hand-, Körper- und Fußmassagen, zur Reflexzonen-Massage und zur Förderung der Durchblutung.

 ### Japanische Papierbälle oder Seidenpapierbälle
bestehen, wie der Name schon sagt, aus Seidenpapier und werden durch Aufblasen in Form gebracht.

Auch sie dienen der taktilen Wahrnehmungsfähigkeit, erfordern sie doch einen sehr dosierten Krafteinsatz. Sie müssen sehr vorsichtig gegriffen werden, weil sie schnell zerdrückt werden können.

 ### Klingelbälle
sind Bälle mit Glöckchen oder ähnlichem Inhalt. Sobald sie in Bewegung sind, erklingen sie.

Klingelbälle sind nicht nur für sehr kleine Kinder spannend, sondern können durchaus auch bei Roll- und Wurfspielen reizvoll sein.

 ### Koosh-Bälle
bestehen aus weichen, bunten Gummischnüren.

Sie sind lustig und griffig und eignen sich besonders für kleine Kinder und „Ball-AnfängerInnen".

 ### Noppenbälle
sind nicht ganz so „stachelig" wie Igelbälle. Die Noppen sind eher abgerundet.

Noppenbälle eignen sich ebenfalls für Hand-, Körper- und Fußmassagen, aber auch für Gymnastikübungen.

 ### Punchbälle
sind Bälle an einem Gummiband, die aufgehängt werden können.

Sie sind als Fitness- und Trainingsball sehr vielseitig einsetzbar. Von Geschicklichkeitsspielen über Fußball, bis hin zu „Boxkämpfen" ist alles möglich.

 ### Schaumstoff- und Softbälle
gibt es in unterschiedlichen Größen.

Sie eignen sich besonders für Spiele im Raum und für Spiele, bei denen auf Menschen gezielt wird. Sie bergen kaum Verletzungsgefahr und machen nicht so schnell etwas kaputt.

 ### Schleuderbälle
haben eine Art Schwanz, an dem sie gut gegriffen werden können.

Durch Schwingen vor dem Abwurf bekommen sie besonders viel Flugkraft. Allerdings muss die Technik erst etwas geübt werden und es ist nicht ganz leicht, die Flugbahn zu steuern.

 ### Sitz- und Gymnastikbälle
sind, wie der Name schon sagt, zum Sitzen und für Gymnastik gedacht.

Sie eignen sich aber auch zum Balancieren, für Konditionstraining oder Heilgymnastik.

Bälle selbst gemacht – Ersatzbälle

Nicht immer und überall ist ein Ball zur Hand. Doch das muss kein Problem sein. Viele Dinge lassen sich im Handumdrehen in einen Ball, zumindest in einen Wurfgegenstand verwandeln, zum Beispiel: Wollknäuel, Halstuch, Waschlappen, Steine, Kastanien, Tannenzapfen, Korken, Äpfel, die zu früh vom Baum gefallen sind und eh nicht gegessen werden können, Wattebällchen, Schneeball, Getränkedose ...

Im Folgenden finden sich weitere Beispiele für Ersatzbälle mit geeigneten Spielanregungen – der Fantasie sind hier keine Grenzen gesetzt.

Feuerwehrball

Der Feuerwehrball ist nur für den Einsatz im Hochsommer im Freien geeignet – dann ist er aber ein toller Spaßball. Eine lustige Spritzerei!

Material: Nadel, Gummihandschuh, eventuell Gummiring oder Schnur

Einen Gummihandschuh unter dem Wasserhahn prall füllen und verschließen (verknoten oder, wenn es ein festerer Gummihandschuh ist, mit einem Gummiring oder einem Band zubinden).

Ein paar Löcher in die Finger pieksen und den Feuerwehrball sofort zwischen den Kindern hin und her werfen.

Tipp: Die Kinder sollten sich schon aufstellen, bevor ein Kind oder die Spielleitung den Feuerwehrball vorbereitet, damit es dann sofort so richtig losgehen kann. Der Fänger, bei dem das Wasser im Feuerwehrball endgültig versiegt, füllt den Handschuh erneut.

Flatterball Indianerart

Mit diesen Schleuderbällen kann weit oder hoch geworfen werden – das sieht mit den flatternden Bändern besonders hübsch aus.

Material: Zeitungen, buntes Krepppapier, Schnur, evtl. Kreide oder Pappschachtel

Aus Krepppapier mehrere Bänder (80 bis 100 cm lang) und ein Quadrat (ca. 30×30 cm) zuschneiden.

Das Zeitungspapier zu einem faustgroßen Ball knüllen, die Krepppapierbänder darum legen und den Ball mit dem Krepppapierquadrat umhüllen. Mit der Schnur zubinden und dabei eine Schlaufe stehen lassen – daran kann der Ball gefasst und geschleudert werden.

Spieltipp: Ein Kreis auf dem Boden oder eine Pappschachtel dient als Ziel, ein zweiter (größerer) Kreis als Startpunkt. Nacheinander stellen sich die Kinder in den Kreis und schleudern ihren Ball. Wer trifft in das Ziel?

Gespensterball

Der „Gespensterball" eignet sich hervorragend für einfache Fangübungen. Er ist sehr leicht und gerade für im Umgang mit Bällen ungeübte Kinder attraktiv.

Material: Kissenbezug, Luftballon oder Wasserball

Einen Luftballon oder einen Wasserball in einen Kissenbezug stecken. – So eingepackt lässt sich der Ball besonders gut fangen, weil er langsamer fliegt und die vielen Zipfel leichter erwischt werden können.

Jonglierball

Material: Nylonstrumpf, bunte Luftballons, Milchreiskörner, Gummiring oder Schnur, Schere, eventuell Trichter

In den Strumpf gerade so viele Reiskörner füllen, dass in der Spitze ein Ball geformt werden kann, der gut in der Hand liegt.
Den Strumpf durch drehen verschließen und den überstehenden Teil noch einmal über den Ball stülpen. Den Strumpf mit einem Gummiring oder mit einer Schnur verschließen und evtl. das Ende abschneiden.

Von zwei bis drei Luftballons die Einblasverlängerung abschneiden.
Die Luftballons über den Ball ziehen – und zwar immer so, dass die Öffnung jeweils vom nächsten Luftballon verdeckt wird.

Variante: Die Reiskörner mit einem Trichter direkt in einen Luftballon füllen. Diesen ersten Luftballon verknoten. Von einem oder zwei weiteren Luftballons die Einblasverlängerung abschneiden und die Luftballons wieder über den gefüllten Luftballon ziehen.

Kirschkern- oder Bohnensäckchen als Ballersatz

Kirschkern- oder Bohnensäckchen sind sehr vielseitig und häufig einsetzbar. Sie eignen sich sehr gut für erste Werf- und Fangübungen, weil sie gut zu greifen sind und zusätzlich den Tastsinn anregen. Außerdem rollen sie nicht weg!

Material: Säckchen (aus Stoffresten genäht, ca. 10 mal 15 cm groß, oder alte Strümpfe oder abgeschnittene Füße alter Strumpfhosen), Füllmaterial (Bohnen, Reis, Kirschkerne, Mais, Reis, Hirse, Sand, Styroporkugeln …)

Die Kinder füllen die Säckchen oder Strümpfe mit dem Füllmaterial.
Die Säckchen zunähen, die Strümpfe können einfach verknotet werden.

Spieltipps: Mit den Säckchen können fast alle Übungen und Spiele durchgeführt werden, die auch mit Bällen möglich sind.
Hier ein paar Vorschläge:

◎ Die Kinder werfen die Säckchen aus verschiedenen Positionen, z.B. liegend, sitzend, stehend, vornübergebeugt, zwischen den gegrätschten Beinen hindurch ...

◎ Die Kinder zielen mit den Säckchen in einen Eimer oder in einen Reifen. Wenn ein Kind oder die Spielleitung mit einem Korb durch die Halle läuft und die Kinder mit den Säckchen in den Eimer zielen, wird ein lustiges Spiel daraus.

◎ Die Kinder sitzen auf dem Boden, ergreifen das Säckchen mit den Füßen und werfen es möglichst weit weg.

◎ Die Kinder heben das Säckchen mit den Füßen auf und geben es an die Hände weiter.

◎ Die Kinder sitzen im Kreis. Sie heben das Säckchen mit den Füßen auf und geben es im Kreis herum weiter.

Kissenball

Ein Kissenball eignet sich gut als Fußballersatz für drinnen.

Material: Kissenbezug, Zeitungspapier

Das Zeitungspapier zusammenknüllen und prall in einen Kissenbezug füllen.

Klettball

Der Klettball eignet sich besonders für erste Werf- und Fangübungen ...

Material: Tischtennisbälle oder andere sehr leichte Plastikbälle, selbst klebendes Klettband, dazu flauschige Wollhandschuhe, eventuell Flanell-, Woll- oder Filzstoff

Den Ball mit möglichst vielen Klettbandstreifen bekleben.

Spieltipp: Zwei Kinder spielen zusammen, indem jedes Kind sich einen Wollhandschuh anzieht. Sie werfen einander den Ball zu, wobei der Ball nur mit der behandschuhten Hand gefangen werden darf. Dabei muss der Ball nicht umschlossen werden, es genügt schon, wenn er am Handschuh hängen bleibt.
Natürlich kann auch ein festes Ziel mit flauschigem Stoff bespannt und beworfen werden.

Plumpsack

Wenn kein Ball zur Hand ist, kann aus einem Taschentuch schnell ein guter Ersatz hergestellt werden. Wenn dieser Ersatzball auch nicht hüpft, werfen, zielen und fangen ist damit auf jeden Fall möglich.

Material: Taschentücher, Halstuch

Das Taschentuch einfach mehrmals verknoten.

Schleuderball

Mit dem Schleuderball wird am besten im Freien gespielt.

Material: kleine leichte Bälle oder Zeitungsbälle, alte Kniestrümpfe, eventuell bunte Schnüre, Schere

Einen kleinen Ball in einen alten Strumpf stecken und direkt über dem Ball einen Knoten machen oder mit bunten Schnüren abbinden.

Spieltipps:

⚙ Zwei Kinder stellen sich mit viel Abstand zueinander auf. Ein Kind hält den Strumpf an seinem Ende und lässt ihn dann mit ausgestrecktem Arm rotieren. Hat der Schleuderball genügend Schwung, fliegt er in hohem Bogen davon. Die Flugbahn zu bestimmen ist gar nicht so einfach und bedarf einiger Übung.

⚙ Oder ein Standpunkt wird markiert, von wo aus jedes Kind seinen Ball losschleudert. Anschließend werden die Wurfbahnen vermessen. Wer hat am weitesten geworfen?

Serviettenbälle

Mit diesen weichen, luftigen Bällen spielen besonders kleinere Kinder sehr gerne. Sie eignen sich hervorragend für Blasespiele oder als Ersatz für Seidenpapierbälle.

Material: farbige Papierservietten (mehrlagig)

Die Serviette in der Mitte einmal falten und an der Faltkante einen schmalen Streifen abreißen. Das Rechteck in der Mitte auseinander reißen und alle Viertel aufeinander legen. Mit dem abgerissenen Streifen die Serviettenviertel in der Mitte so zusammenbinden, dass eine Art Schmetterling entsteht. Auf jeder Seite vorsichtig eine Lage Zelltuch nach der anderen auseinander zupfen, bis eine Kugel entstanden ist.

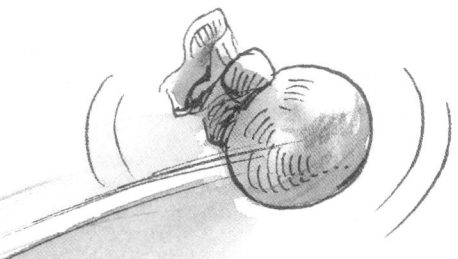

Sockenball

Mit dem Sockenball sind viele Werf-, Fang- und Zielübungen möglich.

Material: alte Socken, eventuell Sand, Erde oder Stoffreste

Jeweils ein Paar Strümpfe zu einem möglichst runden und wunderbar weichen Ball zusammenstecken.
Oder: Eine Socke wird mit Sand, Erde oder Stoffresten gefüllt und zugeknotet – fertig ist ein schneller Ersatzball.

Schwammball

Material: (nasser) Schwamm

Als schneller Ersatz für einen Softball kann ein Schwamm dienen. Im Sommer macht es besonders viel Spaß, mit einem nassen Schwamm zu spielen.

Wollball

Ein Wollball lässt sich sehr gut als Ersatz für einen Softball einsetzen.

▎**Material:** Pappe, Wolle, Schere, Stift, Kreisschablone (oder ein Trinkglas ...), eventuell eine Nadel

Auf ein Stück Pappe zwei Kreise gleicher Größe zeichnen und ausschneiden. In die Mitte der Kreise jeweils einen kleineren Kreis zeichnen und ebenfalls ausschneiden. Auf diese Weise entstehen zwei Pappringe, die aufeinander gelegt werden.
Mehrere Wollfäden ganz gleichmäßig um die Pappringe wickeln, und zwar so lange, bis das Loch in der Mitte fast ganz gefüllt ist.
Die gewickelten Wollfäden am äußeren Rand zwischen den zwei Pappstücken auseinander schneiden.
Einen bereitgelegten Faden zwischen die zwei Pappringe legen und die Wollfäden in der Mitte fest zusammenbinden.
Die Pappringe aufreißen und herausziehen – ein weicher Wollball ist fertig.
Einfache Variante: Aus Wolle ein rundes Wollknäuel wickeln und das Ende mit der Nadel in das Knäuel einziehen – und fertig ist der Ballersatz.

Zeitungsbälle

Die Zeitungsbälle können besonders im Haus gut eingesetzt werden, weil sie leicht sind und nicht so schnell etwas kaputt geht. Daneben eignen sie sich auch für Spiele, bei denen auf Menschen gezielt wird.

▎**Material:** Zeitungen, Zeitschriften, eventuell Klebeband

Die Zeitungen zu unterschiedlich großen Bällen knüllen. Bestehen die Bälle aus festerem Zeitschriftenpapier, kann es sinnvoll sein, sie zusätzlich mit Klebeband zu verkleben, damit sie nicht gleich wieder aufgehen.

Tipp: Zeitungsbälle können gut zu „Wutbällen" werden. Wenn Kinder reizbar und aggressiv sind, wirkt schon das Knüllen der Bälle spannungsabbauend. Mit den fertig geknüllten Bällen kann dann so richtig Dampf abgelassen werden, denn die Bälle können, ohne Schaden anzurichten, gegen die Wand, die Tür ... geknallt werden!

Bälle rollen
für kleine und große Kinder

Schon ganz kleine Kinder, die noch gar nicht in der Lage sind, einen Ball gezielt zu werfen oder gar zu fangen, sind fasziniert von der rollenden Bewegung des Balles. Die rollende Bewegung kann durch die geringste Berührung, aber auch auf einer schiefen Ebene entstehen. Zunächst macht es einfach Spaß, dem rollenden Ball nachzusehen und ihm kriechend, krabbelnd oder auf beiden Beinen zu folgen. Zudem ist es spannend den Zusammenhang zwischen leichten oder kräftigen Berührungen, gerader oder schiefer Ebene und der Geschwindigkeit, die der rollende Ball entwickelt, herauszufinden.

Ältere Kinder können mit dem rollenden Ball erste Zielübungen ausführen, vorgegebenen Bahnen folgen und dabei immer schwierigere Hindernisse und Umwege bewältigen ...

Viele der Rollübungen stellen besonders an ältere Kinder gezielte Anforderungen an ihre Geschicklichkeit, ihr vorausschauendes Denken, ihre Körpererfahrung und Körperbeherrschung und sind gleichzeitig ausgezeichnete Konzentrationsübungen. Der Schwierigkeitsgrad kann ganz den Bedürfnissen und Fähigkeiten der Kinder angepasst werden.

Ball-Roll-Spiele sind deshalb eher ruhige, konzentrierte Spiele, die aber für alle Altersgruppen sehr gut geeignet sind.

Zurollen

Alter: ab 3 Jahren
Anzahl: 2 Kinder und mehr
Material: verschiedenartige Bälle, eventuell Igel- oder Noppenball

Die Kinder setzen sich in der Ausgangsposition paarweise gegenüber, grätschen die Beine und legen die Fußsohlen aneinander. Für die Kinder erreichbar liegen verschiedene Bälle bereit.

Die Kinder wählen einen Ball und
⚬ rollen sich den Ball gegenseitig zu,
⚬ nehmen etwas Abstand zueinander und rollen sich den Ball erneut zu.

Nach einiger Zeit wählen sie sich einen anderen (größeren, schwereren, kleineren ...) Ball, gehen in die Ausgangsposition und rollen sich diesen Ball zu ...

Ein bisschen schwieriger wird es, wenn die Kinder mit zwei Bällen spielen:
⚬ Sie lassen beide Bälle immer gleichzeitig aneinander vorbei rollen.
⚬ Jedes Kind rollt seinen Ball an den Innenseiten seiner Beine entlang – von den Zehen zu den Oberschenkeln und auf der anderen Seite zurück. Am Fußende tauschen sie die Bälle und rollen sie weiter die Beine entlang zur anderen Seite ...

Variationen für ältere Kinder

⚬ Jedes Kind setzt sich mit gegrätschten Beinen hin und legt die Fußsohlen auf den Ball. Es rollt den Ball mehrmals zum Körper hin und wieder vom Körper weg.
Anmerkung: Wird ein Noppen- oder Igelball verwendet, ist diese Übung gleichzeitig eine angenehme Fußmassage.

⚬ Die Kinder sitzen sich paarweise gegenüber und rollen einander den Ball mit den Füßen zu.
Anmerkung: Eine gute Übung für den Gleichgewichtssinn und Bauchgymnastik wird daraus, wenn die Kinder sich nicht mit den Händen abstützen.
⚬ Die Kinder stehen mit etwas Abstand zueinander und wenden sich den Rücken zu. Sie rollen sich gegenseitig den Ball durch die gegrätschten Beine zu.

Durchrollen

Alter: ab 3 Jahren
Anzahl: 1 Kind und mehr
Material: (Gymnastik-)Reifen und Bälle

Die Spielleitung oder ein Kind lässt einen Reifen durch den Raum rollen.
Die anderen zielen mit ihrem Ball durch den rollenden Reifen.
Wer getroffen hat, darf jetzt den Reifen rollen ...

Variation für ältere Kinder

Der Ball muss nach dem Durchrollen des Reifens schnell wieder eingeholt und erneut durchgerollt werden. Wie oft gelingt das innerhalb einer vorgegebenen Strecke?

Ball-Katze

Bei dieser Übung kommt es zu einer Dehnung, Streckung und Kräftigung der Muskulatur.

Alter:	ab 3 Jahren
Anzahl:	allein
Material:	verschieden große Bälle

Der Ball wird zur Katze, die spielen möchte.
Das Kind sitzt im Schneidersitz und rollt den Ball (die Katze) um sich herum und stellt der Katze allerlei Hindernisse in den Weg, indem es seine Sitzposition verändert:

⊙ Es streckt die Beine aus und die Katze schleicht darum herum.

⊙ Es stellt die Beine auf und die Katze schleicht unten durch ...

⊙ Schließlich streckt es die Beine, hebt sie leicht an und legt den Ball an den Füßen ab. Sobald das Kind den Ball loslässt, macht die Katze eine Rutschpartie

... und die nächste Katze (der nächst größere Ball) ist an der Reihe!

Variationen für ältere Kinder

⊙ Das Kind geht in den Grätschstand, beugt den Oberkörper zum Ball auf dem Boden und lässt ihn zwischen den Händen hin und her rollen.

⊙ Das Kind lässt die Katze im Stehen um die leicht gegrätschten Beine schleichen. Der Ball beschreibt dabei eine Acht und darf nicht davonrollen. Mit der Zeit rollt das Kind den Ball immer schneller.
Wie viele Achten gelingen der Katze?

⊙ Das Kind steht und rollt den Ball mit den Zehen des einen Fußes um den anderen Fuß herum, ohne dass ihm der Ball davonrollt.
Anmerkung: Diese Übung schult den Gleichgewichtssinn.

Rollkreisel

Alter:	ab 5 Jahren
	(ab 3 Jahren mit Hilfe eines Erwachsenen)
Anzahl:	paarweise
Material:	1 (Gymnastik-)Reifen und 1 Ball

Zwei Kinder halten einen Reifen flach über dem Boden. In der Mitte des Reifens liegt ein Ball. Durch kreisen des Reifens bringen sie den Ball nun ebenfalls möglichst gleichmäßig zum Kreisen – erst langsam, dann immer schneller ...
Anmerkung: Für diese Übung ist es notwendig, die Bewegungen gut aufeinander abzustimmen, das gelingt meist erst älteren Kindern miteinander. Bei den Kleinen ist es deshalb sinnvoll, wenn sie mit einem Erwachsenen spielen.

Abrollen

Alter: ab 3 Jahren
Anzahl: 3 Kinder und mehr
Material: 1 Ball für jedes Kind

Je nach Gruppengröße werden ein oder mehrere Kinder als „SpaziergängerInnen" bestimmt, die durch den Raum spazieren.
Alle anderen nehmen sich einen Ball und stellen sich entlang der Wände (oder zu einem großen Kreis) auf.
Auf ein Zeichen lassen sie ihre Bälle durch den Raum rollen und zielen dabei auf die Füße der SpaziergängerInnen. Wer einen Fuß mit seinem Ball trifft, tauscht die Rolle mit dem getroffenen Kind und geht nun selbst umher.

Ballrutsche

Ein Spiel zum Ausprobieren und Hingucken ...

Alter: ab 3 Jahren
Anzahl: 1 Kind und mehr
Material: 1 Brett, etwas zum Unterlegen, verschiedene Bälle

Das Brett mit einer Seite auf einen Gegenstand legen, sodass eine schiefe Ebene entsteht.
Das Kind lässt nacheinander verschiedene Bälle herunterrollen.
Rollen alle Bälle gleich?
Die schiefe Ebene wird nach einiger Zeit immer wieder verändert: Sie wird mal steiler oder flacher, länger oder kürzer oder gar mit Hindernissen gestaltet.
Verändern die Bälle dadurch auch ihr Rollverhalten?

Slalom

Alter: ab 3 Jahren
Anzahl: 1 Kind und mehr
Material: 1 Ball für jedes Kind, verschiedene Gegenstände, die sich als Hindernisse eignen (Stühle, Schachteln, Keulen, Bauklötze, Reifen, Plastikbecher ...)

Die Hindernisse werden zu einem Parcours im Raum aufgestellt.
Die Kinder rollen den Ball um die Hindernisse. Sie können dabei krabbeln, kriechen oder gebückt gehen.
Wichtig: Sie müssen den Ball beidhändig d.h. abwechselnd mit der rechten und linken Hand rollen.

Variation für ältere Kinder

Am Ende der Bahn wird mit etwas Abstand ein Tor aufgestellt. Die Kinder rollen den Ball mit den Füßen zuerst um die Hindernisse und zielen schließlich in das Tor.

Torball

Alter: ab 3 Jahren
Anzahl: 1 Kind und mehr
Material: Bälle, Gegenstände als Tore
(Plastikflaschen, Stühle, Tische,
Kastenteile ...), evtl. Stoppuhr

Entlang einer Ziellinie werden mehrere Tore aufgestellt.
Die Kinder stellen sich in geeignetem Abstand auf und rollen den Ball in die Tore. Sie beginnen aus kurzer Entfernung und vergrößern den Abstand nach und nach.

Variation für ältere Kinder

Ein Torparcours wird aufgestellt.
Alle Kinder müssen nacheinander durch die einzelnen Tore treffen, bevor sie zum nächsten weitergehen dürfen.
Besonders spannend wird es, wenn bei jedem Durchgang die Zeit gestoppt wird.

Ballstraße

Alter: ab 3 Jahren
Anzahl: 1 Kind und mehr
Material: 1 Ball, 1 Langbank (ersatzweise
Tisch, Brett ...), evtl. Augenbinde

Das Kind rollt den Ball erst langsam, dann schneller über die Bank (entlang der Tischkante).
Gelingt ihm das über die ganze Strecke, ohne dass der Ball auf den Boden fällt?

Variation für ältere Kinder

Das Kind rollt den Ball mit verbundenen Augen. Hierbei kommen meist beide Hände zum Einsatz, eine führende und eine rollende Hand.

Rollkreis

Alter: ab 3 Jahren
Anzahl: 1 Kind und mehr
Material: 2 unterschiedlich große Reifen
(Gymnastikreifen oder Hula-Hoop-
Reifen) oder (Spring-)Seile, 1
kleiner Ball

Den kleineren Reifen (oder das Seil) in die Mitte des größeren Reifens legen, dass am Rand eine kreisrunde Bahn entsteht. Den Ball in diese Bahn legen.
Das Kind führt den Ball innerhalb der vorgegebenen Bahn zunächst mit der Hand, später auch mit dem Ellenbogen, der Fußspitze, der Stirn ...
Die Reifen sollen dabei nicht verrutschen.
Profis schaffen eine ganze Ballrunde, ohne dass der Ball die Reifen berührt!

Springmaus

Alter:	ab 3 Jahren
Anzahl:	1 Kind und mehr
Material:	1 Ball für jedes Kind (für jüngere Kinder sind kleine Stoffbälle besser), evtl. Kreide zur Markierung

Die Kinder rollen den Ball von sich weg, laufen los, holen den Ball ein und springen darüber. – Weiter geht's ...

Hinweis: Je jünger die Kinder sind, desto kleiner sollte der Ball sein. Wird ein Stoffball verwendet, kann nichts passieren, wenn das Kind auf den Ball hüpft.

Variationen für ältere Kinder

Überholspur

Eine Startlinie und mit einigem Abstand eine „Überholspur", bestehend aus zwei Linien, markieren.

Das Kind rollt den Ball von der Startlinie aus an. Erreicht der Ball die Überholspur, rennt es los, um den Ball innerhalb der Überholspur wieder einzufangen. Gelingt es ihm, bekommt es einen Punkt gutgeschrieben. Hat der Ball die Überholspur bereits verlassen, gibt es für diesen Durchgang keinen Punkt.

Hinweis: In welchem Abstand die Linien markiert werden sollen, muss ausprobiert werden. Das hängt von der Rollkraft und von der Schnelligkeit der Kinder ab.

Flöhe hüten

Alter:	ab 3 Jahren
Anzahl:	10 Kinder und mehr
Material:	mehrere Bälle

Alle Kinder stehen, liegen oder sitzen mit etwas Abstand zueinander im Kreis. In ihrer Mitte liegen mehrere Bälle – Flöhe, die gehütet werden müssen.

Die Kinder rollen sich die Bälle möglichst schnell kreuz und quer durch den Kreis zu, wobei die Bälle den Kreis nicht verlassen dürfen.

Da heißt es gut aufpassen und schnell sein, damit kein Floh entwischt!

Variation für ältere Kinder

Die Kinder stellen sich mit dem Rücken zur Kreismitte auf. Dabei stehen sie so dicht beieinander, dass ihre gegrätschten Beine Fuß an Fuß stehen.

Ein Kind geht mit dem Floh (Ball) in die Kreismitte und versucht ihn ins Freie zu rollen. Die Kinder im Kreis beugen sich vornüber und halten den Ball mit den Händen zurück.

Wer den Floh entwischen lässt, geht als nächster in die Kreismitte.

Ballblasen

Auch hier rollt der Ball, allerdings nicht durch Muskelkraft.

Alter:	ab 4 Jahren
Anzahl:	2 Kinder und mehr
Material:	1 Tischtennisball (ersatzweise ein Wattebällchen)

Die Kinder liegen auf dem Bauch einander gegenüber oder sitzen an einem Tisch. Der Tischtennisball liegt zwischen ihnen.
Auf ein Startsignal hin pusten die Kinder den Ball hin und her.

Variation für ältere Kinder

Die Kinder pusten um die Wette. Dazu markieren sie in der Mitte zwei Spielfeldlinien, zwischen denen sich der Ball auf neutralem Boden befindet. Sobald der Ball die Linie auf einer Seite überrollt, erhält das Kind oder das Team auf der Gegenseite einen Punkt und der Ball wird wieder in die Mitte gelegt.
Fällt der Ball gar auf einer Seite vom Tisch, werden sogar zwei Punkte gewertet.

Streichholzschachtelkegeln

Teamspiel möglich

Alter:	ab 4 Jahren
Anzahl:	2 Kinder und mehr
Material:	6–9 leere Streichholzschachteln, 1 Tischtennisball oder kleiner Gummiball

Die leeren Streichholzschachteln als Kegel hochkant auf den Tisch stellen.

Die Kinder spielen nacheinander. Jedes Kind hat drei Versuche, um möglichst viele Schachteln mit dem Tischtennisball umzurollen.
Für jedes Kind werden die Streichholzschachteln wieder neu aufgestellt.
Hinweis: Spielen mehrere Kinder, können Gruppen gebildet und die erreichten Punkte aufgeschrieben werden. Nach mehreren Durchgängen werden die Punkte zusammengezählt.

Kreisen

Teamspiel möglich

Alter:	ab 3 Jahren
Anzahl:	10 Kinder und mehr
Material:	verschiedenartige Bälle (z. B. Gummiball, Tischtennisball, Tennisball, Igelball ...)

Alle Kinder stehen eng im Kreis und halten die Hände mit den Handflächen nach oben dicht nebeneinander.
Ein kleiner Ball wird auf eine Hand in der Runde gelegt und soll langsam von Hand zu Hand durch die Runde rollen, ohne herunter zu fallen.
Das gleiche Spiel wird mit verschiedenen Bällen wiederholt.

Variationen für ältere Kinder

❁ Die Kinder rollen den Ball auf den Handflächen in die eine Richtung und auf dem Handrücken wieder zurück.
❁ Bei einer großen Gruppe bilden die Kinder zwei Teams (Kreise). Auf ein Startzeichen rollen die Bälle los. In welcher Gruppe kommt der Ball schneller wieder am Start an?
Tipp: Wenn ungeübte Kinder mitspielen, wird anstatt des Kreises eine Reihe gebildet und diese Kinder stehen am Anfang oder am Ende der Reihe.

Tunnelball

Teamspiel möglich

Alter:	ab 4 Jahren
Anzahl:	10 Kinder und mehr
Material:	1 Ball

Alle Kinder stehen mit gegrätschten Beinen hintereinander, damit ein möglichst langer Tunnel entsteht. Das letzte Kind in der Reihe geht in die Hocke.

Das Kind vorne in der Reihe nimmt den Ball, beugt sich vornüber und rollt den Ball durch die Beine nach hinten. Das Kind in der Hocke fängt den Ball auf, rennt nach vorn, stellt sich vor das erste Kind und rollt den Ball ebenfalls durch den Tunnel. Das wird so lange wiederholt, bis die Kinder wieder die Ausgangsstellung eingenommen haben.

Variationen für ältere Kinder

❍ Die Kinder stellen sich im Kniestand hintereinander auf und gehen in den Vierfüßler, wenn der Ball durchrollt.
❍ Zwei Teams spielen um die Wette.

Zielrollen

Alter:	ab 3 Jahren
Anzahl:	1 Kind und mehr
Material:	verschieden große Ziele, z.B.: 1 Medizinball (ersatzweise Kiste oder Handtuch), 1 Serviette, 1 Taschentuch o.Ä., 1 Ball für jedes Kind

Den Medizinball oder das Handtuch als Ziel auf den Boden legen. Die Kinder stellen sich mit etwas Abstand auf einer Linie oder im Kreis um das Ziel auf. Sie rollen ihren Ball so, dass er den Medizinball berührt oder auf dem Handtuch liegen bleibt.

Sind die Kinder zielsicher, wird das Ziel kleiner! ...

Hinweis: Je kleiner das Ziel ausfällt, desto schwieriger wird natürlich das Zielen.

Und je größer der Ball ist, mit dem gezielt wird, desto leichter fällt das Treffen.

Variation für ältere Kinder

Spielen mehrere Kinder, wird ein Wettspiel möglich. Die Kinder zielen reihum, jeder Treffer wird mit einem Punkt gewertet.

Tipp: Auch das klassische Bocciaspiel macht Kindern Spaß.

Kegeln

Teamspiel möglich

Alter:	ab 3 Jahren
Anzahl:	1 Kind und mehr, evtl. Spielleitung
Material:	mehrere Kegel (große, leere Plastikflaschen, Gymnastikkeulen, Dosen oder Toilettenpapierrollen), Bälle, evtl. Augenbinde

Die Kegel gruppieren und in einiger (dem Alter und den Fähigkeiten der Kinder entsprechender) Entfernung eine Abroll-Linie markieren, an der sich die Kinder aufstellen sollen.

Nacheinander rollen die Kinder den Ball mit Schwung zu den Kegeln und stoßen möglichst viele Kegel um.

Die Kinder rollen ihren Ball in jeder Runde anders an: beidarmig, nur mit der rechten, nur mit der linken Hand.

Hinweis: Für jüngere Kinder darf der Abstand zwischen der Markierung und den Kegeln nicht zu groß sein. Leichter wird die Übung, wenn ein größerer Ball verwendet wird.

Variationen für ältere oder viele Kinder

Blind-Kegeln

Die Kinder spielen nacheinander. Jedes Kind hat drei Würfe – allerdings werden ihm dazu die Augen verbunden. Nach dem ersten Wurf, darf es die Augenbinde kurz abnehmen und nachsehen, wo der Ball gelandet ist, dann werden die letzten beiden Würfe getätigt.

Wer konnte blind die meisten Kegel kippen?

Treffball

Die Kinder bilden zwei Teams und stehen einander in großer Entfernung gegenüber. Jedes Kind hat einen Ball.

In der Mitte des Spielfeldes, zwischen den Kindern, stehen die Kegel.

Nach dem Startzeichen rollen (oder werfen) beide Gruppen die Bälle gegen die Kegel. Welcher Gruppe gelingt es, den letzten Kegel zu kippen?

Oder: Die Gruppen spielen nacheinander. Wie viele Würfe braucht jede Gruppe, um alle Kegel abzuwerfen?

Wasserkegeln

Ein Spiel für den Sommer.

Alter: ab 5 Jahren
Anzahl: 5 Kinder und mehr
Material: Plastikflaschen (evtl. für jedes Kind gut erkennbar markiert), Wasser, 1 Ball für jedes Kind

Jedes Kind stellt seine (markierte) mit Wasser gefüllte, **nicht** verschlossene Plastikflasche auf einer Linie auf und stellt sich hinter die markierte Abwurflinie.

Auf ein Startzeichen rollen die Kinder ihren Ball gegen die gegnerischen Flaschen. **Aber aufgepasst!** Jedes Kind muss die eigene Flasche im Auge behalten, denn wenn sie umfällt, muss das Kind sofort losrennen und seine Flasche wieder aufstellen.

Gewonnen hat, wer nach mehreren Durchgängen noch am meisten Wasser in seiner Flasche hat.

Hinweis: Der Abstand zwischen den Kindern und den Kegeln kann den Bedürfnissen angepasst werden. Mit einem größeren Ball wird es leichter die Flaschen umzustoßen.

Werfen, Fangen und Zielen

Schon ab dem zweiten Lebensjahr beginnt ein Kind, sich für das Werfen und Fangen von Gegenständen, auch Bällen, zu interessieren. Kleinkinder werfen mit großem Spaß mit allem, was ihnen greifbar ist, seien es die Kuscheltiere, Kissen, aber auch mal die Löffel beim Essen ... Wird ihnen etwas zugeworfen, richten sie zumindest die Hände in die Richtung, wenn auch das Fangen noch nicht oft gelingt. Sich auf den schnell heranfliegenden Gegenstand zu konzentrieren, gelingt ihnen noch selten.

Erst mit einer differenzierten Koordination von Auge und Hand kann gezieltes Werfen und Fangen gelingen. Deshalb können jüngere, gleichaltrige Kinder einander zwar schon Bälle zurollen, Wurf- und Fangspiele, die Zielen voraussetzen

gelingen ihnen aber zunächst noch nicht und wirken enttäuschend. Erst mit ausreichend Erfahrung und Übung gelingt Kindern ein befriedigendes Zusammenspiel, das allen gleichermaßen Spaß macht.

Im Folgenden finden sich daher zunächst Spiele, die den Spaß am Werfen und Fangen fördern. Mit spielerischen Anregungen kommen dann erste Zielübungen ins Spiel. Hinzu kommen Spiele, die bereits gemachte Ballerfahrungen voraussetzen und das geschickte Einsetzen von Kraft und Technik schulen.

Werfen, Fangen und Zielen –
erste Spiele für den Anfang

Erfahrungsgemäß finden Kinder am anspruchsvolleren Ballspiel mit Gleichaltrigen erst wirklich Spaß, wenn sie das Grundschulalter schon fast erreicht haben. Allerdings können die Fähigkeiten zu werfen und zu fangen durch sehr häufigen Umgang mit Bällen schon früher gut ausgebildet sein. Bis dahin sind indes Eltern und Erwachsene oft die geeigneteren Spielpartner, weil sie zielgenauer zuwerfen und die Kraft, mit der sie werfen, gleichmäßig und den Fähigkeiten des Kindes entsprechend steuern. Das Spiel mit nur einem erwachsenen Spielpartner hat zudem den Vorteil, dass keine Wartezeiten und damit keine Langeweile entstehen, weil das Kind ja ständig in Aktion bleiben kann.

Es gibt ein paar Tricks, mit denen sich das Fangen gut üben lässt. So ist es oft hilfreich, zunächst mit einem Luftballon zu spielen. Er bewegt sich langsamer und lässt dem Kind genügend Zeit, sich auf ihn einzustellen. Außerdem ist er so leicht, dass auch kleine Kinder nicht zurückschrecken, aus Angst sich weh zu tun.

Für erste Werf- und Fangübungen und auch für Zielübungen eignen sich daneben besonders größere, leichte Bälle, etwa Wasserbälle, die gut zu halten sind und vor denen sich ein Kind ebenfalls nicht zu fürchten braucht. Wenn der Ball zunächst einmal auf dem Boden aufkommen darf, fällt es dem Kind leichter, sich auf ihn einzustellen und erste Fangversuche gelingen besser.

Werfen, Fangen, Zielen und Treffen kann man aber natürlich nicht nur mit Bällen, Luftballons oder ähnlich typischen Wurfobjekten, sondern auch mit vielen anderen, vielleicht sogar völlig zweckentfremdeten Dingen. Je unterschiedlicher die Wurfgegenstände sind, desto abwechslungsreicher wird das Spiel und desto länger bleiben Kinder „am Ball".

Ganz besonders gern üben kleinere Kinder mit ihren Kuscheltieren – sie lassen sich oft leichter greifen als ein Ball. Auch Kissen sind für erste Werf- und Fangübungen gut geeignet und sehr beliebt, weil sie weich sind und selbst wenn sie mit viel Kraft geworfen werden, besteht keine Gefahr sich weh zu tun. Als Anregung sollen außerdem noch genannt werden, ein Wollknäuel, ein Stoffknäuel, ein Handtuch, eine mit leichtem Material gefüllte und verknotete Stofftasche und Reissäckchen oder andere Materialsäckchen.

Fliegende Gespenster

Ein „Gespensterball" (Luftballon im Kissen) eignet sich hervorragend für einfache Fangübungen. Er lässt sich so besonders gut fangen, weil er langsam fliegt und seine vielen Zipfel leicht erwischt werden können.

Material: 1 Gespensterball (S. 13)

Spielmöglichkeiten
Die Kinder werfen den Gespensterball
○ ... einfach in die Luft und fangen ihn wieder.
○ ... in die Luft und klatschen in die Hände.
○ ... in die Luft, hüpfen einmal hoch und fangen den Ball wieder auf.
○ ... hoch, drehen sich einmal um sich selbst und fangen ihn wieder auf ...

Noch viele Variationen sind hier denkbar, sodass sich diese einfache Übung immer wieder neu, abwechslungsreich und spannend gestaltet.

Sind die Kinder sicher im Werfen und Fangen, werfen sich zwei Kinder den Ball wie oben beschrieben zu ...

Fliegende Kuscheltiere

Alter: ab 3 Jahren
Anzahl: 1 Kind und mehr
Material: Kuscheltiere

Die Kinder werfen ihre Kuscheltiere
○ ... möglichst hoch in die Luft.
  Wer kann sein Kuscheltier bis an die Decke werfen?
○ ... möglichst weit weg.
  Wer schafft die weiteste Entfernung?

Variationen für ältere Kinder

○ Das Kind fängt sein Kuscheltier wieder auf.
○ Zwei oder mehr Kinder werfen einander die Kuscheltiere zu.
○ Noch schwieriger wird es, wenn sich die Kinder im Kreis aufstellen und ein oder gar mehrere Kuscheltiere kreisen lassen.
  Hier ist schon eher sicheres Werfen und Fangen notwendig, damit die Kuscheltiere nicht wild durcheinander purzeln.

Kissenball – Kissenschlacht

Weil ein Kissen relativ groß und zudem weich ist, eignet es sich besonders gut zu Fangübungen. Vor einer ordentlichen Kissenschlacht machen diese Übungen besonders viel Spaß!

Alter: ab 3 Jahren
Anzahl: 2 Kinder und mehr
Material: möglichst viele Kissen (etwa Sofakissen, aber auch Kopfkissen)

Spielmöglichkeiten mit den Kissen

⚬ Das Kind hält das Kissen mit beiden Händen, lässt es für einen Moment los und fängt es gleich wieder.
⚬ Das Kind stößt das Kissen mit seinem Kopf leicht hoch und fängt es mit den Händen wieder auf.
⚬ Zwei Kinder stehen sich gegenüber und fassen sich an. Das Kissen liegt auf ihren Händen. Sie werfen das Kissen gemeinsam hoch und fangen es wieder auf ohne die Handfassung zu lösen.

Bevor die Kissen wieder weggeräumt werden, stellen sich die Kinder einander gegenüber auf und werfen die Kissen hin und her.
Zunächst wird noch geworfen und gefangen. Doch bestimmt schon bald entwickelt sich schließlich wie von selbst eine lustige und bewegungsreiche Kissenschlacht, bei der es heiß her geht!

Variationen für ältere Kinder

⚬ Das Kind wirft und fängt das Kissen mit einer Hand.
⚬ Zwei Paare in Handfassung (s. o.) werfen sich ein Kissen zu.
⚬ Ein Kind legt das Kissen auf den Rist seines Fußes und schleudert es in die Luft. Das andere fängt das Kissen auf.
Achtung – Sicherheitsabstand halten!

Weitwurf rückwärts

Alter: ab 3 Jahren
Anzahl: 1 Kind und mehr
Material: 1 Ball für jedes Kind

Das Kind hält den Ball in beiden Händen und hält ihn mit gestreckten Armen hoch über seinen Kopf.
Jetzt beugt es sich mit Schwung vornüber und wirft den Ball durch die Beine hindurch hinter sich.

Variation für ältere Kinder

Die Kinder werfen den Ball so weit als möglich oder peilen ein vorher vereinbartes Ziel an.

Schirmball

Alter:	ab 3 Jahren
Anzahl:	1 Kind und mehr, eventuell Spielleitung
Material:	1 Regenschirm, leichte Bälle (z. B. Softbälle oder Zeitungsbälle, S. 16)

Die Spielleitung oder ein Kind hält den aufgespannten Regenschirm

○ ... verkehrt herum vor den Körper. Das Kind zielt in den Regenschirm.
Wie viele Treffer kann es landen?

○ ... wie ein Schutzschild vor den Körper und wird von einem Kind mit leichten Bällen beworfen.
Kann der Regenschirm alle Bälle abwehren?

Spritzball

Ein Spiel für den Sommer!

Alter:	ab 3 Jahren
Anzahl:	1 Kind und mehr
Material:	Wasserbecken (Eimer, Planschbecken, Wanne o. Ä.), Bälle

Im Sommer macht es besonderen Spaß, mit Bällen in einen mit Wasser gefüllten Eimer oder in ein Planschbecken zu zielen. Wenn dabei die Zuschauer nahe beim Ziel herumstehen müssen, wird eine lustige Spritzerei daraus.
Jedes Kind darf deshalb abwechselnd werfen und zusehen!
Hinweis: Je jünger und ballunerfahrener ein Kind ist, desto größer sollte das Ziel sein. Natürlich kann auch ohne Wasser gespielt werden.

Tauchstation

Alter:	ab 3 Jahren
Anzahl:	ein Kind und mehr
Material:	1 Wanne, Blechdeckel (vom Marmeladenglas) oder Blechteller, Tennisbälle

Die Wanne mit Wasser füllen und den Blechdeckel so auf das Wasser legen, dass er auf der Oberfläche schwimmt.
Ein Kind zielt mit den Tennisbällen auf den Blechdeckel – und zwar so lange, bis der Deckel sich mit Wasser füllt und untergeht.
Nach der „Deckel-Bergung" geht es weiter ...

Variationen für ältere Kinder

○ Alle zählen mit, wie viele Würfe nötig sind, bis der Blechdeckel endgültig auf Tauchstation geht. – Wer den Deckel mit den wenigsten Würfen versenken kann, gewinnt.

○ Die Kinder werfen nacheinander reihum auf den Deckel. Wer kann den Deckel endgültig versenken?

Glocken läuten

Jeder Treffer bringt die Glocke zum Klingen.

Alter: ab 3 Jahren
Anzahl: 1 Kind und mehr
Material: Zeitungsbälle (S. 16) oder weiche Stoffbälle, Glöckchen, Schnur

Eine Glocke wird mit der Schnur so an einem Ast, an einem Haken in der Decke oder an einer Stuhllehne befestigt, dass sie etwa in Augenhöhe des Kindes hängt.
Das Kind zielt aus einigen Schritten Entfernung auf die Glocke.

Bettball

Ein Wurfspiel, das kranken Kindern eine willkommene Abwechslung bieten kann.

Alter: ab 3 Jahren
Anzahl: 1 Kind und mehr
Material: Plastikbecher in verschiedenen Größen (z. B. große Joghurtbecher, Quarkbecher ...), Klebeband, kleine Bälle

Variation für ältere Kinder

Es wird um die Wette gespielt.
◦ Wie viele Versuche sind nötig, um das Glöckchen dreimal klingen zu lassen?
◦ Wer erzielt mit zehn Versuchen die meisten Treffer?

Die Becher werden mit Klebeband etwa auf halber Höhe am Fußende des Bettes befestigt. (Wenn die Becher nicht zu dicht an den Rand geklebt werden, fallen abprallende Bälle meist ins Bett!)
Das Kind bekommt die Bälle und zielt – im Bett liegend oder am Kopfende sitzend – auf die Becher.
Jeder Treffer zählt einen Punkt. Oder: ein Treffer in den größten Becher ergibt einen Punkt, in den mittleren Becher zwei und in den kleinsten Becher drei Punkte.
Tipp: Hat das Bettgestell kein hohes Fußende, wird eine Pappwand zwischen Rahmen und Matratze gesteckt!

Zielwerfen

Alter:	ab 3 Jahren
Anzahl:	1 Kind und mehr
Material:	Bälle, unterschiedliche Behälter als Ziele (z. B. Kartons, Eimer, Koffer, Schüsseln, Körbe …)

Auf der Spielfläche werden an unterschiedlichsten Stellen Wurfziele angebracht und aufgebaut: Körbe baumeln von der Decke oder von einem Ast. Eimer, Schachteln, Schüsseln, Taschen und vieles mehr werden aufgestellt und/oder aufgehängt, Kreise werden aufgezeichnet … Abwurfpunkte werden markiert.
Je unterschiedlicher die Ziele, desto besser!
Alle Kinder durchlaufen den Parcours und werfen auf jedes der Ziele ein- bis dreimal.
Jüngere Kinder durchlaufen den Parcours einfach, bei älteren Kindern kann für jeden Treffer ein Punkt gewertet werden.
Hinweis: Die unterschiedliche Art und Anbringung der Ziele macht für die Kinder ein geschicktes Anpassen ihrer Wurftechnik nötig und sorgt außerdem für Spaß und Abwechslung.

Raubtierfütterung

Alter:	ab 3 Jahren
Anzahl:	3 Kinder und mehr
Material:	Reifen (oder Zeitung), Bälle

Zwei Kinder halten einen Reifen – das weit aufgesperrte Raubtiermaul – in die Luft.
Die Kinder zielen mit den Bällen durch den Reifen – füttern das Raubtier.
Nicht vergessen zwischendurch die „Maulhalter" abzulösen!
Hinweis: Wer keinen Reifen zur Verfügung hat, reißt in ein Zeitungsblatt ein großes Loch. Aus der restlichen Zeitung werden Zeitungsbälle geknüllt.

Variationen für ältere Kinder

- ◌ Die Kinder spielen sich einen Ball durch den Reifen zu.
- ◌ Schwieriger wird es, wenn die Reifen bewegt werden, denn ein bewegliches Ziel ist natürlich noch schwerer zu treffen!

Eierschachtel-Zielwerfen

Alter:	ab 3 Jahren
Anzahl:	1 Kind und mehr
Material:	Eierpalette, Finger- oder Wasserfarben, kleine Bälle (z. B. Tischtennisbälle)

Die Kinder malen die Mulden in der Eierschachtel in verschiedenen Farben an.
Hinweis: Die Größe der einzelnen Farbflächen dem Alter und den Fähigkeiten der Kinder entsprechend anpassen.

Der Eierkarton steht in einiger Entfernung auf dem Boden. Nacheinander zielen die Kinder in den Eierkarton. Wer trifft welche Farbe?
Gelingt es eine vorher bestimmte Farbe auch zu treffen?

Variation für ältere Kinder

Jeder Farbe ist eine andere Punktzahl zugeordnet. Die Kinder zielen nacheinander mit ihren Tischtennisbällen in den Eierkarton, wobei alle gleich viele Wurfversuche bekommen.
Wer die meisten Punkte erzielen konnte, ist Eierschachtel-Wurfkönig.

Reiterspiele – Dosenwerfen

Das klassische Dosenwerfen ist allgemein beliebt und nebenbei eine gute Wurf- und Zielübung.

Alter:	ab 3 Jahren
Anzahl:	1 Kind und mehr
Material:	Blechdosen, Bälle, 1 Steckenpferd (Besenstiel), Kreide, Umhängetasche

Aus den Blechdosen – am besten vor einer Hauswand – eine Pyramide aufbauen.

Die Kinder zielen von einer markierten Linie aus mit den Bällen auf die Dosen. Der Abstand und die Ballgröße können variiert werden.

Sind die Kinder schon geübt, veranstalten sie Reiterspiele:

Auf einem kleinen Tisch oder Hocker werden Dosen aufgebaut. Um den Tisch herum wird eine Linie markiert.

Ein Kind ist der Reiter, bekommt ein Steckenpferd und eine mit Bällen gefüllte Umhängetasche.

Der Reiter soll, während er entlang der Kreislinie reitet, möglichst viele Dosen vom Tisch werfen. Dabei darf er die Kreislinie natürlich nicht verlassen. Wenn der Ballvorrat zu Ende ist, werden die Dosen auf dem Boden gezählt und als Punkte gutgeschrieben.

Sind die Dosen wieder aufgestellt, darf der nächste Reiter seine Treffsicherheit beweisen.

Variation für ältere Kinder

Bau auf!

In der Mitte des Spielfeldes steht ein Dosenturm, der von einem Kind bewacht wird. Die anderen Kinder bekommen jeweils einen Ball, stellen sich in etwas Abstand in einer Reihe auf und zielen auf den Dosenturm.

Jedes Kind, das seinen Ball geworfen hat, muss ihn für den nächsten Wurf erst wieder aus dem Spielfeld zurückholen.

Vorsicht! Solange der Dosenturm steht, darf ein Kind, das den Ball zurückholen möchte, vom Hüter des Turms abgeschlagen werden. Gelingt es dem Hüter einen Werfer abzuschlagen, muss dieser der nächste Hüter sein.

Aber! Sobald eine Dose fällt, rufen alle laut: „Bau auf!" Sofort muss der Hüter seine Jagd unterbrechen und den Dosenturm wieder aufbauen.

Trockene Schneeballschlacht

Wenn im Sommer Lust auf eine Schneeball-schlacht aufkommt oder im Winter nicht genug Schnee fällt, gibt es einen tollen Ersatz!

Alter:	ab 3 Jahren
Anzahl:	2 Kinder und mehr
Material:	alte Zeitungen (ersatzweise Softbälle)

Die Kinder knüllen aus Zeitungen möglichst viele „Schneebälle" und veranstalten damit eine wilde Schneeballschlacht.

Fallen lassen und prellen

Alter:	ab 3 Jahren
Anzahl:	1 Kind und mehr
Material:	1 Ball für jedes Kind, eventuell Reifen

Das Kind lässt den Ball auf den Boden fallen und fängt ihn gleich wieder auf. Nach ein paar Übungsdurchgängen versucht es, diesen Vorgang so oft als möglich zu wiederholen, ohne den Ball dabei zu verlieren.

Mit der Zeit lässt das Kind den Ball nicht einfach fallen, sondern prellt ihn mit wohl dosierter Kraft auf den Boden und fängt ihn wieder.

Variation für ältere Kinder

Schwieriger wird es, wenn das Kind sich in einen Reifen stellt und den Ball innerhalb des Reifens fallen lassen oder prellen und wieder auffangen soll, ohne den Reifen zu übertreten.

Auf Reisen gehen

Alter:	ab 4 Jahren (eventuell mit der Spielleitung)
Anzahl:	3 Kinder und mehr
Material:	1 Ball, Kreide oder Seil zur Markierung

Eine Start- und eine Ziellinie werden markiert. Die Kinder stellen sich entlang der Startlinie auf. Die Ziellinie befindet sich hinter den Kindern. Die Spielleitung (oder ein wurfsicheres Kind) stellt sich vor die Kinder und wirft ihnen der Reihe nach den Ball zu.

⚙ Wer den Ball fängt, wirft ihn zurück und darf sich einen Schritt auf die Ziellinie zu, also nach hinten bewegen.

⚙ Wer ihn nicht fängt, bleibt an seinem Platz stehen und wartet auf die nächste Chance.

Die Entfernung zwischen Werfer und Fänger wird immer größer, und dadurch das Fangen immer schwieriger

Wer die Ziellinie zuerst erreicht, darf in der nächsten Runde „Werfer" sein.

Hinweis: Wenn jüngere Kinder spielen, sollte nur die Spielleitung werfen. Denn nur wenn der Ball gezielt zugeworfen wird, kann er von den Kleinen auch gefangen werden.

Ochs am Berg mit dem Ball

Alter: ab 4 Jahren
Anzahl: 5 Kinder und mehr
Material: 1 Ball

Alle Kinder stellen sich in einer Reihe auf. Der „Ochs am Berg" wird durch Auszählen ermittelt und stellt sich etwas entfernt mit dem Rücken zu den anderen.

Ein Kind aus der Reihe zielt auf den Ochsen und stellt sich sofort wieder ganz ruhig und unauffällig hin.

◦ Landet es keinen Treffer, holt es den Ball zurück und gibt ihn an ein anderes Kind weiter.

◦ Landet es einen Treffer, muss sich der Ochse blitzschnell umdrehen, um noch erkennen zu können, wer geworfen hat. Rät er richtig, wird der Werfer zum nächsten Ochsen.

Balldetektiv

Alter: ab 5 Jahren
Anzahl: 6 Kinder und mehr
Material: 1 Ball

Alle Kinder stellen sich in einer Reihe auf. Ein Kind, der Detektiv, nimmt den Ball und stellt sich mit etwas Abstand mit dem Rücken zu den anderen Kindern.

Der Detektiv wirft den Ball rückwärts über den Kopf den anderen zu, ohne sich umzudrehen. Dabei ruft er: „Verzwickter Fall, wer hat den Ball?"

Hat ein Kind aus der Reihe den Ball gefangen, verstecken alle (auch das Kind mit Ball) sofort ihre Hände hinter dem Rücken. Der Detektiv darf sich erst umdrehen, wenn sie gemeinsam rufen: „Nicht lange fragen, sondern gleich sagen!"

Der Detektiv dreht sich um und rät, wer den Ball hinter dem Rücken versteckt hält. Rät er richtig, wird das Kind, das den Ball hatte, neuer Detektiv. Andernfalls nimmt der alte Detektiv den Ball wieder an sich und startet einen neuen Versuch.

Werfen, Fangen und Zielen – Spiele für Fortgeschrittene

Kinder, die schon sehr geübt sind im Werfen, Fangen und Zielen, haben besonders viel Freude an sehr aktions- und bewegungsreichen Spielen, bei denen sie ihre Fertigkeiten unter Beweis stellen können.

Schon bald geht es nicht mehr nur darum einen Ball zu erwischen, der gezielt zugeworfen wird, sondern es kommt auch darauf an, die Flugbahn und die Geschwindigkeit des Balles vorauszuahnen und ihn auch dann zu schnappen, wenn er nicht gezielt zugeworfen wird. Geschwindigkeit und Treffsicherheit spielen eine entscheidende Rolle. Es kann wichtig sein, den Ball möglichst schnell wieder abzugeben oder ein Ziel, möglicherweise sogar ein bewegliches Ziel zu treffen. Nicht selten müssen zu den üblichen Balltechniken noch zusätzliche Bewegungsabläufe, etwa ein Klatschen, Hüpfen, Bücken oder Drehen des ganzen Körpers, ein Reiten auf einem Steckenpferd, das Schließen der Augen oder andere Schwierigkeiten eingebaut werden.

Ein hohes Maß an Ballerfahrung, Sicherheit und Körperbeherrschung sind Garanten für ein spannendes Spiel.

Täuschen

Hier sind gute Nerven, ein gutes Reaktionsvermögen und viel Konzentration gefragt!

Alter: ab 5 Jahren
Anzahl: 5 Kinder und mehr
Material: 1 Ball

Alle Kinder stellen sich im Kreis auf und halten ihre Hände hinter dem Rücken.

Ein Kind stellt sich mit dem Ball in die Mitte und täuscht die Kinder im Kreis, indem es manchmal nur so tut, als wolle es einem Kind den Ball zuwerfen, ein anderes Mal den Ball aber wirklich wirft.

Die Kinder im Kreis dürfen sich nicht täuschen lassen und die Hände nur hinter dem Rücken hervorholen, wenn der Ball wirklich angeflogen kommt.

Wer die Hände zum falschen Zeitpunkt oder zu langsam nach vorne nimmt und den Ball fallen lässt, tauscht mit dem Kind in der Mitte den Platz.

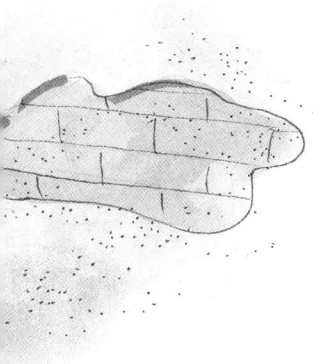

Hände waschen

Alter: ab 5 Jahren
Anzahl: 1 Kind und mehr
Material: 1 Ball

Das Kind wirft den Ball in die Luft und fängt ihn wieder auf. Allerdings muss es jedes Mal vor dem Fangen – passend zum folgenden Reim – bestimmte Bewegungen ausführen.

Ich beschmier die Wände
  (großzügige Malbewegungen machen)
und wasche mir die Hände.
  (Hände waschen nachahmen)
Ich mach sie wieder trocken,
  (Hände trocknen nachahmen)
berühre meine Socken,
  (mit den Fingern die Socken berühren)
steck sie in die Hose,
  (Hände in die Taschen stecken)
pflücke eine Rose,
  (Rosen pflücken nachahmen)
trage sie nach Haus
  (gehende Bewegung nachahmen)
und das Spiel ist aus!
  (sich einmal im Kreis drehen)

Lebenszeit

Alter: ab 5 Jahren
Anzahl: 2 Kinder und mehr
Material: 1 Ball

Die Kinder spielen gegen eine Hauswand.
Ein Kind beginnt mit folgendem Spruch:
„Komm mein Ball, sag mir doch, wie viel Jahre leb ich noch?"
Es wirft den Ball an die Wand und fängt ihn wieder auf.
Jetzt geht es einen Schritt zurück und wirft den Ball erneut gegen die Wand usw.
Das wird so lange wiederholt, bis das Kind den Ball nicht mehr auffangen kann.
Für jeden Schritt, den das Kind rückwärts gehen konnte, darf es ein Jahr zählen. Wer kann für sich die längste Lebenszeit erzielen?

Weitere Möglichkeiten:

⊙ Das Kind wirft den Ball in die Luft, klatscht in die Hände und fängt ihn wieder auf.
Wie viele Lebensjahre (Wiederholungen) schafft es?

⊙ Mehrere Kinder können auf diese Weise Jahre sammeln: Ein Kind wirft den Ball in die Luft oder an eine Wand, klatscht so oft als möglich (die anderen zählen laut mit!) und fängt den Ball wieder auf. Für jedes Klatschen erhält es ein Lebensjahr. Das nächste Kind ist an der Reihe.

Knallhart

Alter: ab 5 Jahren
Anzahl: 2 Kinder
Material: 1 nicht zu großer oder harter Ball

Zwei Kinder stehen sich mit etwas Abstand gegenüber. Sie werfen einander den Ball so kräftig zu, dass der andere den Ball möglichst nicht halten kann.
Wer den Ball dennoch fängt, erhält einen Punkt.
Wer zuerst die – vorher – festgelegte Punktzahl erreicht, gewinnt das Spiel.

Verliebt, verlobt, verheiratet

Ein Klassiker!

Alter:	ab 5 Jahren
Anzahl:	3 Kinder und mehr
Material:	1 weicher Ball

Die Kinder stehen mit etwas Abstand zueinander im Kreis und werfen sich den Ball gegenseitig zu, dabei halten sie keine feste Reihenfolge ein. – So kommt der Ball oft überraschend und es heißt gut aufpassen und schnell reagieren!
Wer den Ball fallen lässt, gilt beim

1. Mal als „verliebt" und muss einen Namen für den Geliebten/die Geliebte nennen.

2. Mal als „verlobt" und benennt den Verlobten/die Verlobte

3. Mal als „verheiratet" und nennt den Namen des Ehemannes/der Ehefrau.

Ab dem **4. Mal** kommt jedes Mal ein Kind dazu, dessen Namen genannt werden muss.
Vor Spielbeginn wird festgelegt, wie viele Kinder ein Spieler bekommen kann, bis er ausscheiden muss.

Hinweis: Für Kinder, die noch nicht so gut fangen können, wird es wesentlich leichter, wenn sie den Ball einfach der Reihe nach im Kreis herum werfen.

Kirschen essen

Alter:	ab 5 Jahren
Anzahl:	3 Kinder und mehr
Material:	1 weicher Ball

Die Kinder stehen im Kreis und werfen sich den Ball zu.
Wer den Ball fallen lässt, hat beim ersten Mal nur „Kirschen gegessen".

Die nächsten Male heißt es: „Wasser getrunken" –„Bauchweh bekommen" – „Der Arzt kommt" – „Im Krankenhaus" – „Operiert" – „Gestorben" – „Beerdigt" und zuletzt „In den Himmel gekommen".
Wer in den Himmel gekommen ist, muss leider ausscheiden. Gespielt wird so lange, bis nur noch ein Kind übrig ist.
Hinweis: Den Kindern fallen bestimmt selbst neue Variationen ein, z. B.:

◌ In die Berge gefahren – Aufstieg – Abstieg – Sturz – Bein gebrochen – Bergrettung kommt ...

◌ Ich – bin – ein – E – S – E – L.

Ball-Applaus

Alter:	ab 5 Jahren
Anzahl:	5 Kinder und mehr
Material:	1 Ball

Die Kinder stehen im Kreis. Ein Kind beginnt und wirft einem beliebigen Kind den Ball zu. Dieses Kind muss schnell reagieren, denn bevor es den Ball fängt, muss es einmal für den Ball klatschen. Wer den Ball fallen lässt oder das Klatschen vergisst, scheidet aus, gibt ein Pfand oder erfüllt eine Aufgabe, die sich die anderen ausdenken.
Die Kinder können auch einen Knicks oder eine Verbeugung machen, bevor sie den Ball fangen.

Retter

Teamspiel, bei dem nicht nur gutes Ziel- und Fangvermögen, Schnelligkeit und Reaktionsfähigkeit gefragt sind, sondern auch Kooperationsbereitschaft und Teamgeist.

Alter: ab 5 Jahren
Anzahl: 5 Kinder und mehr
Material: 1 Ball

Die Kinder spielen Fangen.
Allerdings sind sie dem Fänger nicht schutzlos ausgeliefert, denn, wer den Ball in den Händen hat, darf nicht gefangen werden.
Deshalb muss jedes Kind nicht nur den Fänger, sondern auch die anderen im Auge behalten. Wer einem Kind als letzte Rettung den Ball zuwirft, begibt sich selbst in die Gefahr, gefangen zu werden.
Wer gefangen wird, wird selbst der Fänger.

Hinweis: Wenn viele Kinder zusammen spielen, können auch mehrere Bälle und/oder FängerInnen im Spiel sein.

Namenball

Alter: ab 5 Jahren
Anzahl: 5 Kinder und mehr
Material: 1 weicher Ball (z. B. aus Schaumstoff)

Alle Kinder stellen sich im Kreis auf.
Ein Kind steht, mit dem Ball in den Händen, in der Mitte des Kreises. Es wirft den Ball hoch in die Luft, ruft laut den Namen eines Kindes aus dem Kreis und läuft schnell davon.
Während das angerufene Kind versucht, den Ball zu erwischen, rennen auch alle anderen davon. Sobald das Kind den Ball in den Händen hält, ruft es laut: „Stopp!" Sofort müssen alle stehen bleiben.
Gelingt es dem Kind mit dem Ball von seinem Platz aus ein anderes Kind abzuwerfen, darf es als nächste WerferIn in die Kreismitte und den nächsten Namen rufen. Wurde das Kind nicht getroffen, darf das nicht getroffene Kind als WerferIn in die Kreismitte.

Variation

Das Kind in der Mitte wirft den Ball und fängt ihn selbst wieder auf, während alle anderen Kinder davonrennen. Es versucht von seinem Platz aus ein anderes Kind abzuwerfen. Das abgeworfene Kind geht als nächstes in die Kreismitte. Wird kein Kind getroffen, bleibt der Werfer für eine neue Runde im Kreis.

Ball über die Schnur

Teamspiel

Alter: ab 5 Jahren
Anzahl: 8 Kinder und mehr
Material: ein leichter Ball, z. B. Wasserball
oder Luftballon, Schnur

Das Spielfeld wird mit einer gespannten Schnur in zwei Hälften geteilt. (Wie hoch die Schnur gespannt wird, richtet sich nach der Größe bzw. nach den Fähigkeiten der Kinder.)
Die Kinder bilden zwei Teams und verteilen sich beliebig jeweils auf ihrer Spielfeldhälfte.
Der Ball wird über die Schnur hin und her gespielt.
Aber Achtung! Die Schnur darf weder von den SpielerInnen noch vom Ball berührt werden und der Ball darf nicht auf den Boden kommen, sonst gibt es einen Pluspunkt für das andere Team.
Es ist erlaubt, den Ball innerhalb der Gruppe zuzuspielen. Je schneller gespielt wird, desto mehr Spannung entsteht.

Variation für ältere Kinder

Es wird mit zwei Bällen gleichzeitig gespielt.

Burgball

Alter: ab 5 Jahren
Anzahl: 5 Kinder und mehr
Material: 3 Holzstäbe (ersatzweise
Schachteln, Dosen, Eimer ...),
eventuell Schnur, Ball, Kreide für
die Markierung

Als Spielfeld wird ein Kreis mit etwa zehn Metern Durchmesser markiert. In der Mitte des

Kreises sind die drei Stäbe – als Burg – schräg gegeneinander gestellt und, falls es nötig ist, oben locker zusammengebunden. Ersatzweise kann die Burg auch aus Schachteln, Dosen oder Ähnlichem gebaut werden.

Ein Kind wird zum Hüter der Burg bestimmt und soll die Burg davor bewahren, getroffen oder gar zerstört zu werden. Die anderen Kinder stellen sich entlang der Kreislinie auf.
Mit einem Ball zielen die Kinder von der Linie aus auf die Burg. Dabei können sie sich den Ball auch schnell gegenseitig zuwerfen, um den Hüter der Burg auszutricksen und die Burg von der ungedeckten Seite aus zu treffen.
Der Hüter der Burg fängt die Bälle ab und wirft sie zurück.
Wem es gelingt, die Burg zu treffen oder gar zum Einsturz zu bringen, darf der nächste Hüter der Burg werden.

Obwohl die Kinder, die das Gefängnis bilden, ihren Platz nicht verlassen, d. h. die Beine nicht bewegen dürfen, versuchen sie natürlich, den Ball nicht in die Mitte zu lassen.

Sobald die Befreiung gelungen ist, tauschen die Gruppen die Rollen.

Variante: Die Wachposten dürfen den Ball nur mit den Füßen, aber nicht mit den Händen abwehren. Dann stehen sie allerdings in Blickrichtung nach außen.

Luft, Wasser, Erde und Feuer

Alter:	ab 5 Jahren
Anzahl:	5 Kinder und mehr
Material:	1 Ball

Die Kinder stehen im Kreis, ein Kind geht mit dem Ball in die Mitte.

Es wirft den Ball einem beliebigen Kind zu und nennt ihm eines der drei Elemente: Luft, Wasser oder Erde.

Das Kind, das den Ball fängt, nennt schnell ein Tier, das in diesem Element lebt und wirft den Ball zurück. Zum Beispiel: Luft – Schmetterling, Wasser – Forelle, Erde – Maus … Jedes Tier darf nur einmal genannt werden.

Wirft das Kind den Ball hoch in die Luft und ruft dazu „Feuer", müssen alle so schnell als möglich den Ball berühren.

Wer den Ball zuletzt berührt, geht in die Mitte.

Befreiung aus dem Gefängnis

Teamspiel

Alter:	ab 5 Jahren
Anzahl:	16 Kinder und mehr
Material:	1 Ball

Die Kinder bilden zwei Gruppen. Eine Gruppe bildet einen Kreis – das Gefängnis – mit Blickrichtung zur Mitte. Die andere Gruppe wählt ein Kind aus, das als Gefangener in die Kreismitte geht. Die anderen stellen sich um den Kreis herum. Sie haben die Aufgabe, das gefangene Kind zu befreien.

Dazu bekommen die Kinder einen Ball, den sie durch die Beine der Wachposten ins Gefängnis rollen oder werfen dürfen. Sobald das gefangene Kind den Ball zu fassen bekommt, ist es frei.

Variation für ältere Kinder

Die Kinder nennen Blumen, Berufe, Städte … nach dem Alphabet. Zum Beispiel:

Anemone, Begonie, Christrose …

Arzt, Briefträger, Chemiker …

Wachposten

Alter: ab 5 Jahren
Anzahl: 10 Kinder und mehr
Material: 1 kleiner Ball, 1 Schachtel (Mütze, Dose ...)

Die Kinder bilden einen Kreis. Ein Kind steht in der Mitte, neben sich eine Schachtel, die es bewachen soll.

Die Kinder lassen den Ball im Kreis herumwandern. Immer wieder zielt ein Kind unvermittelt in die Schachtel.

Der Wachposten möchte einen Treffer natürlich unbedingt verhindern und wehrt den Ball ab oder fängt ihn. Gelingt es einem Kind die Schachtel zu treffen, tauscht es mit dem Wachposten den Platz.

An die Wand knallen

Alter: ab 5 Jahren
Anzahl: 4 Kinder und mehr
Material: 1 Ball, Kreide

Eine Linie in etwas Abstand zu einer Hausmauer markieren. Alle Kinder stellen sich dahinter auf. Ein Kind beginnt und wirft den Ball gegen die Wand. Dabei ruft es gleichzeitig den Namen eines anderen Kindes. Das aufgerufene Kind muss den Ball, der von der Wand abprallt, fangen, bevor er zu Boden fällt. Es wirft den Ball sofort wieder an die Wand und ruft einen neuen Namen auf ...

Gelingt es nicht, den Ball zu fangen, bevor er den Boden berührt, gibt es einen Strafpunkt.

Variation für jüngere Kinder

Der Ball darf vor dem Fangen einmal auf dem Boden aufkommen.

Wandball in der Reihe

Teamspiel möglich

Alter: ab 5 Jahren
Anzahl: 3 Kinder und mehr
Material: 1 Ball

Die Kinder stellen sich mit etwas Abstand zu einer Wand in einer Reihe hintereinander auf. Das erste Kind wirft den Ball an die Wand und geht blitzschnell einen Schritt zur Seite, damit das zweite Kind den Ball fangen und seinerseits wieder an die Wand werfen kann. Jetzt wird der Ball dem dritten Kind überlassen u.s.w. Die Kinder, die geworfen haben, stellen sich hinten in der Reihe wieder an.

Wie viele Runden schaffen sie, ohne dass der Ball auf den Boden fällt?

Variation für ältere Kinder

Die Kinder bilden zwei Gruppen und spielen um die Wette.

Gewonnen hat das Team, dessen erstes Kind zuerst wieder mit dem Ball vorne steht.

Blindenball

Teamspiel

Alter:	ab 5 Jahren
Anzahl:	6 Kinder und mehr
Material:	1 Ball, Wäscheleine oder anderes Seil als Abtrennung des Spielfeldes, Bettlaken, evtl. Kreide oder Schnüre zur Spielfeldmarkierung

In der Mitte eines nicht zu großen Spielfeldes wird ein Seil gespannt und mit Betttüchern so behängt, dass zwei Spielfelder entstehen, die gegenseitig nicht eingesehen werden können. Die Kinder bilden zwei Gruppen und begeben sich jeweils auf ihre Spielfeldseite.
Ein Kind wirft den Ball ins gegnerische Feld. Die SpielerInnen dort müssen sehr gut aufpassen und schnell reagieren, denn der Ball darf den Boden nicht berühren und sie können erst spät sehen, aus welcher Richtung der Ball kommt. Ballberührung ist mit jedem Körperteil erlaubt und die Kinder können einander den Ball auch innerhalb des Spielfeldes zuspielen, bevor sie ihn wieder ins gegnerische Feld werfen.

Hinweis: Wer mag, kann bei Bodenberührung Fehlerpunkte zählen. Doch das Spiel macht auch ohne Wettbewerb Spaß.

Zielprellen

Hier geht es nicht nur um Zielgenauigkeit, son-dern auch um richtiges Kräfte dosieren – aber natürlich ist auch etwas Glück mit im Spiel!

Alter:	ab 5 Jahren
Anzahl:	2 Kinder und mehr
Material:	Kreide, 1 Ball

Von einer Wand oder einer Mauer aus werden im Abstand von etwa einem Meter parallel vier oder mehr Linien gezogen und die so entstande-nen Bahnen durchnummeriert.
Die Kinder stellen sich entlang einer Abwurf-linie auf und werfen den Ball so an die Wand, dass er in der richtigen Reihenfolge in die Felder zurückprallt und auf der Bahn liegen bleibt.
Verfehlt ein Kind das richtige Feld oder rollt der Ball anschließend aus der Bahn, ist das nächste Kind an der Reihe. Beim nächsten Durchgang darf das Kind, das sein Feld verfehlt hat, dort weiter-machen, wo ihm der Fehler unterlaufen ist.

KönigInnenball

Teamspiel möglich

Alter:	ab 6 Jahren
Anzahl:	12 Kinder und mehr
Material:	1 Ball für jede Gruppe

Die Kinder teilen sich in zwei oder mehr gleich große Gruppen auf und stellen sich jeweils in einer Reihe hintereinander auf.

Ein Kind ist KönigIn, stellt sich mit dem Ball vor seine Gruppe und wirft jedem Kind in der Reihe den Ball einmal zu. Hat das erste Kind den Ball gefangen und zurückgeworfen, geht es schnell in die Hocke, damit das zweite Kind den Ball fangen kann. Das zweite Kind geht, wenn es den Ball zurückgeworfen hat, ebenso schnell in die Hocke u. s. w.

Das letzte Kind in der Reihe behält den Ball und stellt sich als neue KönigIn vor der Gruppe auf. Die anderen gehen ein Stück zurück und überlassen dem alten König/der alten Königin den ersten Platz in der Reihe.

Das Spiel wiederholt sich so lange, bis KönigIn I wieder vor der Gruppe steht.

Hinweis: Mehrere Gruppen können gegeneinander antreten.

Abprallen

Abprallen üben die Kinder am besten an einer Wand ohne Fenster!

Alter:	ab 6 Jahren
Anzahl:	1 Kind und mehr
Material:	1 gut springender Ball

Die Kinder werfen den Ball gegen die Wand und fangen ihn einfach wieder auf, um ein Gefühl dafür zu entwickeln, wie stark sie werfen müssen, damit der Ball gut an der Wand abprallt.

Sind sie schon etwas geübt, werfen sie den Ball gegen die Wand und prallen ihn auf verschiedene Arten zur Wand zurück.

Versuche sind möglich mit
◦ der Brust
◦ den Handinnenflächen
◦ den Ellbogen
◦ den Füßen
◦ den Knien
◦ dem Kopf

Ganz geübten SpielerInnen gelingt es sogar den Ball mit dem Rücken wieder an die Wand zurück zu prallen!

Ballschule oder Zehnerleball

Mit diesem Spiel verbringen Kinder nicht selten ganze Nachmittage, erfinden immer neue Aufgaben und Übungen ...

Alter:	ab 6 Jahren
Anzahl:	2 Kinder und mehr
Material:	1 (nicht zu kleiner) Ball

Die Kinder spielen mit einem nicht zu kleinen Ball. Sie stehen mit etwas Abstand vor einer Hauswand oder einem großen Tor und führen nacheinander zehn Übungen mit steigendem Schwierigkeitsgrad aus.

Sobald ein Kind einen Fehler macht, kommt das nächste Kind mit den Übungen an die Reihe. Die nächste Runde beginnt für jedes Kind dort, wo ihm im vorigen Durchgang der Fehler unterlaufen ist.

Die Aufgaben

1. Den Ball zehnmal mit beiden Händen an die Wand werfen, bevor er wieder gefangen wird, soll er einmal auf dem Boden landen.

2. Den Ball neunmal hintereinander mit beiden Händen an die Wand werfen und direkt wieder fangen.

3. Den Ball achtmal mit beiden Händen an die Wand werfen, bevor er wieder gefangen wird, einmal vor dem Bauch in die Hände klatschen.

4. Den Ball siebenmal mit beiden Händen an die Wand werfen. Bevor er wieder gefangen wird, vor dem Bauch und hinter dem Rücken einmal klatschen.

5. Den Ball sechsmal mit der rechten Hand an die Wand werfen und wieder fangen.

6. Den Ball fünfmal mit der linken Hand an die Wand werfen und wieder fangen.

7. Den Ball viermal unter dem rechten Bein hindurch an die Wand werfen und wieder fangen.

8. Den Ball dreimal unter dem linken Bein hindurch an die Wand werfen und wieder fangen.

9. Den Ball zweimal an die Wand werfen, sich einmal um die eigene Achse drehen und den Ball wieder auffangen.

10. Das Kind stellt sich mit etwas Abstand mit dem Rücken zur Wand. Den Ball über den Kopf an die Wand werfen, sich schnell herum drehen und den Ball wieder auffangen.

Hinweis: Die Aufgaben können – nach Absprache – natürlich beliebig erweitert werden!

Fang oder lauf

Alter:	ab 6 Jahren
Anzahl:	5 Kinder und mehr
Material:	1 weicher Ball

Ein Kind wird durch Auszählen bestimmt und erhält den Ball. Es wirft unvermittelt den Ball in die Luft und läuft davon. Alle anderen versuchen den Ball zu bekommen.

Wer den Ball fängt, bleibt stehen und versucht schnell, ein anderes Kind zu treffen.

◌ Wird das Kind getroffen, muss es ausscheiden.

◌ Kann es aber den Ball fangen, zielt es schnell auf ein anderes Kind ...

Das Kind, das ein anderes abtrifft, darf den Ball für die nächste Runde in die Luft werfen.

Am Ende schließlich gewinnt, wer am besten Fangen oder am geschicktesten Ausweichen kann.

Eier legen

Alter:	ab 6 Jahren
Anzahl:	2 Kinder und mehr
Material:	1 Ball, 1 kleiner Stein für jedes Kind, Kreide

Mit der Kreide wird ein Kreis als Hühnerhaus markiert.

Die Kinder sind die Hennen und jedes Kind bekommt einen Stein als Ei. Weil die Hennen bekanntlich ihre Eier gerne vor Eierdieben verstecken, wollen sie ihr Ei möglichst weit vom Hühnerhaus ablegen. Dazu stellt sich das Kind mit Ball und Stein in den Kreis. Es wirft den Ball so hoch als möglich in die Luft, rennt so weit als möglich aus dem Kreis, legt (!) den Stein auf dem Boden ab, rennt schnell in den Kreis zurück und fängt den Ball wieder auf.

Hier heißt es blitzschnell sein, denn das Ei darf natürlich nicht geworfen werden! Landet der Ball auf dem Boden, zählt das Ei bei der Auswertung nicht mit.

Wer am Ende der Runde sein Ei am weitesten vom Hühnerhaus entfernt ablegen konnte, hat gewonnen.

Hinweis: Sehr viel einfacher wird das Spiel, wenn der Ball vor dem Fangen einmal auf dem Boden aufkommen darf.

Siamesische Zwillinge

Teamspiel

Alter:	ab 6 Jahren
Anzahl:	9 Kinder und mehr
Material:	1 Wasserball oder Softball

Die Kinder finden sich paarweise zusammen und stellen sich im Kreis auf. Immer zwei Kinder bilden zusammen ein Zwillingspaar, indem sie sich gegenseitig einen Arm um die Hüften legen.

Ein Kind steht mit dem Ball in der Mitte des Kreises und wirft ihn einem Zwillingspaar zu. Die beiden dürfen beim Fangen ihre Umfassung nicht lösen, d. h. sie müssen gemeinsam den Ball jeweils nur mit der freien Hand auffangen.

◌ Wenn es ihnen gelingt, werfen sie den Ball einfach zurück.

◌ Fällt der Ball zu Boden, lassen die Zwillinge einander los und versuchen getrennt den Ball zu erwischen. Wer den Ball schließlich in den Händen hat, tauscht mit dem Kind in der Mitte.

Mittelalter

Alter: ab 7 Jahren
Anzahl: 5 Kinder und mehr
Material: 1 Ball, Kreide

Die Kinder stellen sich im Kreis auf und zeichnen einen Kreis mit etwa einem halben Meter Durchmesser um sich auf den Boden.

Durch Auszählen werden nun verschiedene Titel einer bestimmten Rangfolge verteilt, bzw. den Kreisen zugeordnet: Kaiser, König, Baron, Edelmann, Fürst, Ritter, Bürger, Kaufmann, Bauer, Knecht, Bettler ...

Achtung: Die Rangfolge sollte eindeutig geklärt werden.

Jetzt beginnt der Ranghöchste, also der Kaiser und wirft einem anderen Kind den Ball zu, das ihn auffangen soll.

◎ Fängt es den Ball, ohne den eigenen Kreis zu verlassen, wirft es den Ball dem nächsten Kind zu: einem ranghöheren, wenn es dieses herausfordern will, einem rangniedrigeren, wenn es seine Position nicht gefährden möchte.

◎ Muss es aber den Kreis verlassen, um den Ball zu erwischen, springt schnell eines der rangniedriger gestellten Kinder in den leeren Kreis und nimmt somit die höhere Stellung des anderen ein.

Die Rangstufen werden so lange immer wieder gewechselt, bis es einem Kind gelingt, den Kaiser zu „entthronen", d.h. seinen Kreis einzunehmen. Der neue Kaiser zählt die neue Rangordnung der anderen aus und darf das neue Spiel beginnen.

Reiterball

Alter:	ab 6 Jahren
Anzahl:	12 Kinder und mehr (gerade Anzahl)
Material:	1 Ball

Die Kinder teilen sich in zwei Gruppen auf. Die Kinder der einen Gruppe sind die Pferde und stellen sich im Knieliegestütz im Kreis auf. Die Kinder der anderen Gruppe sind die Reiter und stellen sich mit gegrätschten Beinen jeweils über ein Pferd, beziehungsweise sitzen leicht auf dem Pferderücken.
Der Ball wird nun von einem Reiter zum anderen im Kreis herum geworfen und darf nicht auf dem Boden landen.
Die Pferde versuchen durch Unruhe und „Tänzeln" (aber ohne den Kreis zu verlassen!) den Reitern den sicheren Halt zu nehmen, um das sichere Werfen und Fangen zu verhindern.
Gespielt werden zweimal fünf Runden.

Jede Runde wird wie folgt gewertet:
◦ Gelingt den Reitern eine ganze Runde ohne Fehlwurf, werden ihnen dafür drei Punkte gutgeschrieben – die Pferde bekommen keine Punkte.
◦ Fällt der Ball einmal zu Boden, erhalten die Reiter noch zwei Punkte, die Pferde bekommen einen Punkt.
◦ Fällt der Ball zweimal zu Boden, erhalten die Reiter nur noch einen Punkt und die Pferde bekommen zwei Punkte vermerkt.
◦ Fällt der Ball öfter als zweimal zu Boden, bekommen die Reiter keinen Punkt und die Pferde erhalten drei Punkte.

Nach fünf Runden werden die Positionen gewechselt und die Reiter werden für weitere fünf Runden zu Pferden.

Die Gruppe, die nach den zehn Durchgängen die meisten Punkte für sich verbuchen konnte, hat gewonnen.

Variation für ältere Kinder

Die Reiter werden Huckepack getragen.

Ausreise – Einreise

Teamspiel

Alter:	ab 6 Jahren
Anzahl:	12 Kinder und mehr
Material:	Kreide oder Seil zur Spielfeldmarkierung, 1 Ball

Ein großes Spielfeld wird in zwei Felder unterteilt, die durch einen zwei bis drei Meter breiten Streifen getrennt sind. Eine Seite ist „Europa", die andere Seite „Australien", dazwischen befindet sich das weite Meer.
Die Kinder teilen sich in zwei gleich starke Teams auf und beziehen ihren Kontinent. Jeweils ein Australier geht nach Europa und ein Europäer nach Australien. So befindet sich auf jedem Kontinent bereits ein Besucher – aber alle haben den Wunsch, zum anderen Kontinent zu fliegen.
Das Spiel beginnt, indem der Ball (das Flugzeug) von der Spielleitung vom Meer aus in die Luft geworfen wird. Wer den Ball fängt, darf ihn seinem Landsmann auf der anderen Seite zuwerfen. Kann dieser den Ball fangen, so darf der Werfer ebenfalls ausreisen. Fängt er den Ball nicht, darf ihn stattdessen der Fänger nehmen und seinerseits seinem Landsmann auf der anderen Seite zuwerfen ...
Nach einer vereinbarten Zeit gewinnt der Kontinent mit den meisten Reisenden. Gelingt es einem ganzen Kontinent auszureisen?

Spielen und Toben

Das Spiel mit dem Ball ist sehr häufig ein extrem abwechslungsreiches, bewegungsintensives und schnelles Spiel. Ballspielen und Toben gehören deshalb oft untrennbar zusammen. Nicht selten spielen Kinder Ball mit einer unglaublichen Ausdauer und bis zur völligen körperlichen Erschöpfung. Bälle sind deshalb in besonderer Weise geeignet, Spannungen und Bewegungsunruhe, die besonders durch Bewegungsmangel entstehen, gezielt abzubauen. Wenn Kinder Lust haben sich richtig auszutoben, greifen sie häufig ganz von selbst zum Ball – und schon geht's los.

Wolkenboxen

Teamspiel möglich

Alter:	ab 3 Jahren
Anzahl:	1 Kind und mehr, zusätzlich 2 Personen, die das Tuch halten
Material:	leichte Bälle (Wasserbälle, Stoffbälle, eventuell Luftballons, 1 großes Tuch (z. B. ein Laken)

Zwei Personen halten das Tuch leicht gespannt. Die Kinder legen möglichst viele Bälle auf dem Tuch ab. Das Tuch wölbt sich unter der Last und gleicht einer mit vielen Regentropfen gefüllten Wolke.
Die Kinder lassen es regnen, indem sie die Bälle von unten aus dem Tuch boxen.
Natürlich kann die leere Wolke gleich noch einmal gefüllt werden.

Variation für ältere Kinder

Zwei Gruppen treten gegeneinander an und versuchen die Wolken möglichst schnell zu leeren.
Tipp: Wenn die Wolken sehr hoch gehalten werden, kommt noch mehr Bewegung ins Spiel, weil die Kinder hüpfen müssen, um die Bälle zu erreichen.

Zeitungsschlacht

Ein Spiel zum Dampf ablassen!

> **Alter:** ab 4 Jahren
> **Anzahl:** 2 Kinder und mehr
> **Material:** alte Zeitungen und Zeitschriften

Die Kinder knüllen aus alten Zeitungen und Zeitschriften jede Menge Zeitungsbälle. Schon beim Knüllen bauen sie Spannungen und Wut ab.
Bei der anschließenden wilden Zeitungsschlacht toben sich die Kinder so richtig aus und können Dampf und überschüssige Energie ablassen!

Wutball

An diesem „Boxball" kann man wunderbar seine Wut auslassen.

> **Alter:** ab 3 Jahren
> **Anzahl:** 1 Kind und mehr
> **Material:** 1 Wasserball, 1 Kissenbezug, Schnur

Den Wasserball in den Kissenbezug stecken und mit der Schnur zubinden.
Der so entstandene Wutball wird etwa in Brusthöhe des Kindes, an einem Haken an der Decke oder an einem Ast aufgehängt – und schon kann mit aller Wu(ch)t geboxt werden!

Besenball

Teamspiel möglich

> **Alter:** ab 4 Jahren
> **Anzahl:** 2 Kinder und mehr
> **Material:** 1 Ball, 1 Besen für jedes Kind, Stöcke oder Stühle als Tor, eventuell Spielfeldmarkierung

Ein rechteckiges Spielfeld wird markiert und auf jeder Seite mit Stöcken oder Stühlen ein Tor gekennzeichnet. In die Mitte des Spielfeldes wird ein Ball gelegt. Auf ein Startsignal hin spielen zwei Kinder gegeneinander, indem sie den Ball mit dem Besen ins gegnerische Tor treiben.

Variation für ältere Kinder

Zwei Teams treten gegeneinander an. – Für jüngere Kinder ist die Verletzungsgefahr zu groß!

Eierlauf

Alter: ab 4 Jahren
Anzahl: 8 Kinder und mehr, Spielleitung
Material: 1 Tennisball, 2 Teesiebe,
1 Schüssel, eventuell Markierung

Ein rechteckiges Spielfeld wird markiert. Die Kinder teilen sich in zwei gleich starke Gruppen auf und stellen sich gegenüber entlang der Außenlinie auf. Die Spielleitung legt in die Mitte des Spielfeldes in eine Schüssel zwei Teesiebe und ein Ei (Tennisball) und stellt sich außerhalb des Spielfeldes etwa in Höhe der Schüssel auf.

Sie ruft aus jeder Gruppe jeweils ein Kind auf: „Jana – Tom (Pause) läuft!" Erst bei „läuft" dürfen die beiden starten. Sie rennen so schnell als möglich zur Mitte und ergreifen ein Teesieb. Wer den Ball zuerst fassen kann, legt ihn in sein Sieb und läuft zu seiner Gruppe zurück. Bis das Kind mit dem Ball im Sieb „zu Hause" ankommt, darf das andere versuchen, den Ball abzujagen, indem es ihn mit dem eigenen Teesieb aus dem gegnerischen Teesieb befördert, in das eigene Sieb legt und sich auf den Rückweg macht.

Bringt ein Läufer das Ei hinter seine Linie, wird seiner Gruppe ein Punkt angerechnet.

Die Siebe und der Ball werden wieder in die Mitte gelegt und die Spielleitung ruft zwei neue Läufer auf.

Hinweis: Hier können auch Kinder sehr unterschiedlichen Alters miteinander spielen, weil die Spielleitung etwa zwei gleichaltrige, bzw. gleichstarke Kinder auswählen kann.

Hühnerhof

Alter: ab 3 Jahren
Anzahl: 2 Kinder und mehr, eventuell
Spielleitung
Material: für jedes Kind 1 Ball

Die Bälle liegen als Eier auf dem Boden verteilt. Die Kinder sind Hühner, die auf dem Hühnerhof herum spazieren.

Auf den Zuruf „Der Eierdieb kommt!" rennen die Hühner laut gackernd und flatternd zu den Eiern und jedes Huhn lässt sich auf einem Ei nieder. Nach einiger Zeit gibt es Entwarnung: „Der Hühnerdieb gibt auf." Die Hühner setzen ihren Spaziergang fort ...

Variationen für ältere Kinder

◦ Es befindet sich ein Ball weniger als Kinder im Spiel. Ein Kind kommt tatsächlich als Eierdieb und versucht ein Ei zu ergattern. Gelingt es, wird das Kind, das kein Ei mehr hat, im nächsten Durchgang zum Eierdieb.
◦ Nach jedem Durchgang wird ein Ei entfernt. Das Huhn, das kein Ei mehr erwischt, muss ausscheiden.

Hinweis: Machen Sie die Kinder auf die Gefahr durch herumliegende und rollende Bälle aufmerksam.

Schatzbälle

Teamspiel

Alter:	ab 5 Jahren
Anzahl:	6 Kinder und mehr
Material:	2 oder mehr Bälle (je nach Gruppengröße)

Ein Kind ist RäuberIn, die anderen Kinder haben einen Schatz, bestehend aus mehreren Bällen. Sobald der Räuber sich nähert, wirft das Kind seinen Schatzball schnell einem anderen Kind zu. Wer vom Räuber berührt wird und den Ball noch in seinen Händen hält, gibt den Schatz an den Räuber ab und verlässt das Spielfeld.

Der Räuber legt den Ball in seinem Lager außerhalb des Spielfeldes ab und geht sofort erneut auf Schatzfang. Wenn es dem Räuber gelungen ist, alle Schatzbälle an sich zu nehmen, ist das Spiel zu Ende.

Hinweis: Wenn viele Kinder zusammen spielen, können mehrere Räuber gleichzeitig unterwegs sein.

Hüter des vergrabenen Schatzes

Teamspiel

Alter:	ab 5 Jahren
Anzahl:	4 Kinder und mehr
Material:	1 Ball, große Sandfläche

Gespielt wird auf einer großen Sandfläche, am besten am Strand. Hier wird ein etwa 10 × 10 m großes Feld markiert.

Die Kinder teilen sich in zwei Gruppen auf, die Hüter des Schatzes und die Diebe.

Die Hüter des Schatzes verbuddeln, von den Dieben unbeobachtet, den Ball – nicht zu tief! – im Spielfeld. Sobald sie mit der Arbeit fertig sind, geben sie das Startzeichen.

Die Diebe machen sich auf die Suche nach dem Schatz. Aber Achtung: Jeder Dieb, der das markierte Gebiet betritt, kann erwischt und abgeschlagen werden. Er darf dann selbst nicht weiter suchen, sondern nur noch den anderen Tipps geben.

◦ Finden die Diebe den Schatz und gelingt es ihnen, ihn aus dem markierten Gebiet herauszubefördern (auch Werfen ist erlaubt), ohne abgeschlagen zu werden, haben sie gewonnen.

◦ Erwischen die Hüter alle Diebe, bevor der Schatz erbeutet wurde, sind sie Gewinner.

Tipp: Im Herbst kann auch in einem großen Laubhaufen gesucht werden.

Bälle stehlen

Teamspiel

Alter:	ab 5 Jahren
Anzahl:	8 Kinder und mehr, Spielleitung
Material:	viele kleinere Bälle, Kreide oder Seil zur Markierung

In der Mitte des Spielfeldes wird ein Kreis markiert. In diesen Kreis werden alle Bälle gelegt. Mit jeweils gleichem Abstand zum Kreis wird für jede Gruppe ein „Zuhause" markiert.

Jeweils vier bis fünf Kinder bilden eine Gruppe und stellen sich in ihrem „Zuhause" auf. Jedem Kind einer Gruppe wird eine Nummer zugewiesen. In jeder Gruppe ist ein Kind also die Eins, ein Kind ist die Zwei, ein Kind die Drei …

Wenn alle startklar sind, ruft die Spielleitung eine Nummer auf, zum Beispiel: „Drei". Alle „Dreier" rennen in die Mitte und ergreifen so viele Bälle, wie sie in ihren Händen halten können und bringen sie in ihr Zuhause.

Die Spielleitung zählt für jede Gruppe das Diebesgut und notiert die entsprechende Punktzahl. Die Bälle werden in den Mittelkreis zurückgelegt und der nächste Durchgang kann beginnen.

Die Spielleitung ruft eine andere Nummer auf und alle spurten los, um möglichst viel Beute zu machen.

Es gewinnt die Gruppe, die nach einer vorher festgelegten Anzahl von Durchgängen die meisten Punkte für sich verbuchen konnte.

Närrische Diebe

Teamspiel

Alter:	ab 5 Jahren
Anzahl:	10 Kinder und mehr
Material:	1 Ball, Spielfeldmarkierung

In 30 bis 40 Metern Abstand werden zwei Linien gezogen. Die Kinder teilen sich in zwei Gruppen, närrische Diebe und Polizisten auf und stellen sich jeweils hinter einer Linie auf.

Etwa in der Mitte des Feldes liegt ein Ball, den die närrische Diebesbande rauben will. Nach dem Startsignal laufen der erste Dieb und der erste Polizist los. Der Dieb narrt den Polizisten, indem er allerlei Schabernack treibt, den der Polizist nachahmen muss, d.h. er schneidet Grimassen, schlägt Purzelbäume ...

In einem günstigen Moment greift der Dieb blitzschnell zu und versucht mit dem Ball hinter seine Linie zu gelangen, bevor der Polizist ihn erwischt.

◦ Gelingt es dem Polizist, den Dieb zu fangen, muss der Dieb als Gefangener zu den Polizisten.

◦ Gelingt es dem Polizist aber nicht den Dieb zu erhaschen, muss er selbst als Gefangener zu den Dieben.

Dieser Ablauf wird so lange wiederholt, bis jedes Kind einmal gelaufen ist. Die Gruppe, die dann am meisten Gefangene vorweisen kann, hat gewonnen.

Jetzt werden die Rollen getauscht.

Standball

Teamspiel – bei dem es in erster Linie auf Schnelligkeit, Taktik und gute Zusammenarbeit ankommt.

Alter:	ab 5 Jahren
Anzahl:	10 Kinder und mehr
Material:	1 Ball, Kreide zum Markieren des Spielfeldes, Steine oder Stöcke als Tor

Je nach Teilnehmerzahl wird die Größe des Spielfeldes festgelegt und an den beiden Enden mit Stöcken oder Steinen ein Tor markiert.

Die Kinder teilen sich in zwei Teams und bekommen jeweils eines der Tore zugewiesen. Alle Kinder dürfen sich frei auf dem ganzen Spielfeld bewegen und sich den Ball zuspielen. Geworfen wird mit den Händen. Sobald ein Kind den Ball fängt, muss es sofort wie angewurzelt stehen bleiben, bis es den Ball aus dem Stand einem anderen Kind seines Teams zuwirft oder ins gegnerische Tor gezielt hat.

Gewonnen hat das Team, das bis zum Ende der vereinbarten Spielzeit die meisten Tore erzielen konnte.

Balljäger

Teamspiel

Alter:	ab 4 Jahren
Anzahl:	10 Kinder und mehr
Material:	halb so viele Bälle wie Kinder, Kreide oder Seil zur Markierung

Im Freien werden zwei Linien am Rand markiert und eine Mittellinie angebracht. In einem Raum genügt eine Mittelmarkierung. Auf der mittleren Linie liegen die Bälle. Die Kinder teilen sich in zwei Gruppen und stellen sich jeweils an den gegenüberliegenden Raumseiten, beziehungsweise an den Randmarkierungen auf.

Nach dem Startzeichen laufen beide Gruppen zur Mitte und jedes Kind versucht, einen Ball zu ergattern. Für jeden erwischten Ball wird der jeweiligen Gruppe ein Punkt gutgeschrieben.

Nach mehreren Durchgängen (die genaue Anzahl wird vorher festgelegt), wird ermittelt, welche Gruppe die meisten Punkte für sich verbuchen konnte.

Tigerball

Alter: ab 5 Jahren
Anzahl: 3 Kinder und mehr
Material: 1 Ball (evtl. Wasserball oder Schwamm)

Zwei Kinder stellen sich mit etwas Abstand zueinander auf (mehrere Kinder im Kreis) und werfen oder rollen sich den Ball zu. Ein Kind steht in der Mitte und möchte als hungriger Tiger den Ball erwischen. Gelingt es dem Tiger, den Ball zu schnappen, muss das Kind, das den Ball geworfen hat, als Tiger in die Mitte.

Tipp: Besonders viel Spaß macht Tigerball im Sommer, bis zum Bauch im Wasser stehend.

Variationen

- Wenn sehr viele Kinder spielen, können bis zu vier Tiger in die Mitte des Kreises gehen.
- Spielen jüngere Kinder mit, wird der Ball nicht geworfen, sondern nur über den Boden gerollt. Für geübte Kinder kann dabei Sitz- oder Bauchlage vorgeschrieben werden.
- **Abwerfen:** Die Kinder versuchen, das Kind in der Mitte mit dem Ball zu treffen, während dieses sich bemüht, geschickt auszuweichen. Wird es dennoch getroffen, geht das Kind in die Mitte, das den Ball geworfen hat.
  Erweiterte Spielregel: Fängt das Kind in der Mitte den Ball, gilt es nicht als getroffen.

Tipp: Spielt eine altersgemischte Gruppe, können zusätzlich Vereinbarungen getroffen werden. Zum Beispiel: Die jüngeren Kinder dürfen weglaufen, während die älteren Kinder dem Ball nur durch Ducken, Bücken, Verrenken ausweichen dürfen.

Wildschweintreibjagd

Teamspiel möglich

Alter: ab 4 Jahren
Anzahl: 2 Kinder und mehr
Material: 1 großer, leichter Ball (Wasserball oder Luftballon), möglichst viele Schneebälle (oder Tennisbälle), Spielfeldmarkierung

... im Schnee

Eine Abwurf- und eine Ziellinie werden markiert. Vor der Abwurflinie wird ein Ball als Wildschwein abgelegt. Die Kinder decken sich mit einem großen Vorrat an Schneebällen ein. Und schon kann die Wildschweinjagd beginnen: Von der Abwurflinie aus zielen sie auf das Wildschwein und treiben es auf diese Weise über die Ziellinie.

... ohne Schnee

Im Sommer – oder wenn nicht genug Schnee liegt – findet die Wildschweinjagd mit Tennisbällen statt!
Tipp: Am meisten Spaß aber macht die Wildschweinjagd im Sommer, wenn das Wildschwein (Wasserball) mit dem Wasserstrahl aus einer Spritzflasche oder Spritzpistole getrieben wird!

Variation für ältere Kinder

Im Abstand von mehreren Metern werden zwei Linien gezogen. Genau in die Mitte des Feldes wird das Wildschwein gelegt. Die Kinder bilden zwei Gruppen, die sich jeweils hinter einer Linie aufstellen. Nach dem Startsignal versucht jede Gruppe, das Wildschwein mit Schneebällen hinter die Linie der Gegenseite zu treiben.

Fuchsjagd

Teamspiel

Alter:	ab 6 Jahren
Anzahl:	5 Kinder und mehr
Material:	Bälle, evtl. Stoffbänder, Kreide oder Stöcke als Markierung

Die Kinder sind Füchse, die sich im Dickicht versteckt halten und davonrennen, sobald sie den Jäger kommen hören.

Ein Kind ist der Jäger und markiert einen Platz, seine Jagdhütte, in der er die Ladung (viele Bälle) für sein Jagdgewehr lagert. Die Hütte darf von keinem Fuchs betreten werden.

Der Jäger macht sich auf zur Jagd. Entdeckt er einen Fuchs, zielt er auf ihn. Trifft er ihn mit dem Ball, ist der Fuchs erlegt und wird zur Jagdhütte gebracht. In der Hütte wird aus dem erlegten Fuchs ein gut ausgebildeter Jagdhund (evtl. einen Stoffstreifen an Arm oder Bein festbinden), der ab sofort den Jäger bei der Fuchsjagd unterstützt. Er jagt jetzt die Füchse aus ihrem Versteck und der Jäger hat leichtes Spiel.

Aber Achtung! Trifft der Jäger daneben, werden die schlauen Füchse richtig gefährlich, denn sie nehmen die Munition an sich und schießen zurück! Da kann der Jäger sich nur noch in seine Jagdhütte retten, um neu zu laden! Mit neuer Munition ausgerüstet, macht er sich wieder auf zur Jagd. Allerdings muss er jetzt sehr vorsichtig sein, denn die wild gewordenen Füchse können ihn jetzt ebenfalls angreifen.

Erwischen die Füchse den Jäger (treffen ihn mit dem Ball), hat die Jagd natürlich ein jähes Ende! – Erlegt der Jäger den letzten Fuchs, ist die Jagd ebenfalls vorbei.

Bärenjagd

Teamspiel

Alter:	ab 5 Jahren
Anzahl:	8 Kinder und mehr
Material:	1 weicher, leichter Ball, am besten ein Softball

Die Kinder (die Bärenjäger) bilden einen Kreis. Zwei Kinder, ein Bärenjunges und Papa Bär, gehen in die Mitte des Kreises.

Die Kinder im Kreis wollen den kleinen Bären jagen und zielen mit dem Ball auf ihn. Aber Papa-Bär beschützt sein Kind mit allen Mitteln, stellt sich immer schnell vor das Kleine und wehrt die Bälle der Jäger ab.

Wird das Bärenkind getroffen, gehen zwei andere Kinder als Bären in den Kreis und das Spiel beginnt von neuem.

Variation für sehr große Gruppen

Schlangentanz

Mehrere Kinder bilden in der Kreismitte eine Schlange, indem sie einander die Hände auf die Schultern legen. Die Kinder im Kreis zielen auf den Schwanz der Schlange. Das Kind, das den Schlangenkopf bildet, versucht den Schwanz zu schützen. Dabei dürfen sich die Schlangenglieder nicht los lassen. Wer den Schlangenschwanz trifft, wird neuer Schlangenkopf. Der abgeworfene Spieler wird Kreisspieler.

Jägerball

Teamspiel

Alter: ab 3 Jahren
Anzahl: 5 Kinder und mehr
Material: 1 Softball, eventuell Kreide
für Fahnenjägerball: 1 Fahne und
eventuell Stoffbänder für die
Hasen

Ein Spielfeld wird markiert. Ein Kind wird zum Jäger, die anderen Kinder sind die Hasen. Vom Feldrand aus versucht der Jäger einen der Hasen, die im Zickzack kreuz und quer über das (Spiel-) Feld umher springen, mit dem Ball zu erlegen. Wer vom Ball getroffen wird, darf der nächste Jäger sein.

Hinweis: Machen Sie die Kinder immer darauf aufmerksam, möglichst nur auf den Po oder Rücken, keinesfalls ins Gesicht zu zielen. Auch wenn mit dem Softball nichts passieren kann, sollte es eine Selbstverständlichkeit werden, keine empfindlichen Körperteile ins Visier zu nehmen.

Variationen für ältere Kinder

◦ Ein getroffener Hase scheidet aus oder wird auch zum Jäger.

◦ Die Hasen dürfen sich blitzschnell hinsetzen. Sobald sie sitzen, können sie nicht abgeworfen werden. – **Aber:** Es darf immer nur ein Hase sitzen!

◦ Der Jäger gibt ein Signal und alle Hasen müssen stehen bleiben, bevor der Jäger zielt.

◦ Der Jäger ist lahm und hüpft auf einem Bein über das Spielfeld.

◦ **Jägerball im Kreis:** Auf dem Boden wird ein großer Kreis markiert. Die Kinder teilen sich in gleich viele Hasen und Jäger auf. Die Hasen gehen in den Kreis, die Jäger bleiben außerhalb des Kreises. Die Hasen dürfen sich während der Jagd bewegen, die Jäger müssen an ihrem Platz stehen bleiben. Der letzte Hase ist Gewinner.

Oder: Nur ein bis drei Hasen sind im Kreis. Sie dürfen zwar nicht wegrennen, aber sie können den Ball fangen. Fängt ein Hase den Ball ist er frei und tauscht mit dem Jäger den Platz, der den Ball geworfen hat.

◦ **Fahnenjägerball:** Die Kinder teilen sich in zwei Gruppen. Die Jäger bekommen den Ball. Die Hasen (eventuell mit einem Stoffband kennzeichnen) bekommen die Fahne, die immer ein Hase gut sichtbar mit sich tragen muss. Die Jäger dürfen nur den Hasen abschießen, der gerade die Fahne hält. Bei Gefahr darf dieser Hase die Fahne blitzschnell an einen anderen Hasen weitergeben. Die anderen Hasen versuchen außerdem, den Fahnenträger zu decken. Hasen, die mit der Fahne in der Hand getroffen werden, sind ab diesem Zeitpunkt selbst Jäger (evtl. Stoffband abgeben).

Ballstaffel

Teamspiel

Alter:	ab 4 Jahren (je nach Spielvariante), eventuell Spielleitung als Hilfestellung
Anzahl:	12 Kinder und mehr
Material:	Kreide oder Seil zur Markierung, Wendemale (z. B. Stühle, Kartons, Stöcke ...), für jede Gruppe mindestens 1 Ball

Die Kinder teilen sich in zwei oder mehr Gruppen auf. Eine Startlinie wird markiert und für jede Gruppe in gleichem Abstand eine Wendemarke aufgestellt. Nach dem Startsignal läuft das erste Kind jeder Gruppe los, transportiert den Ball auf die vorgegebene Weise (s. u.), wendet am markierten Wendepunkt, läuft zur Startlinie zurück und übergibt dem zweiten Kind seiner Gruppe den Ball und damit auch das Laufrecht.
Es gewinnt das Team, dessen letztes Kind zuerst wieder den Startpunkt erreicht.

Der Ball kann je nach Alter und Geschicklichkeit der Kinder auf völlig unterschiedliche Weise transportiert werden:
◦ Jedes Kind trägt den Ball, wie es möchte.
◦ Der Ball wird gerollt.
◦ Der Ball muss mit beiden Händen oder mit einer Hand auf dem Kopf gehalten werden.
◦ Der Ball wird mit der Nase angestoßen.
◦ Die Kinder müssen beim Balltransport rückwärts gehen.
◦ Der Ball muss krabbelnd auf dem Rücken gehalten werden.
◦ Der Ball wird geprellt.
◦ Mehrere Bälle müssen gleichzeitig transportiert werden ...

Zusätzlich zur Art des Balltransportes können noch Aufgaben eingebaut werden, z.B. Handschuhe oder ein alter Pullover oder ein alter Hut muss angezogen und mit dem Ball weitergegeben werden.

Affenzirkus

Teamspiel

Alter:	ab 4 Jahren
Anzahl:	5 Kinder und mehr
Material:	Kreide oder Matte, Bälle

Auf dem Boden wird ein Kreis von etwa zwei Metern Durchmesser markiert oder einfach eine Turnmatte ausgelegt. In diesem Reich hockt ein Affe mit seinem ganzen Vorrat an Kokosnüssen (Bällen), die er sorgsam bewacht. Außerhalb des Reiches lauern die Kokosnussdiebe, die seine Kokosnüsse rauben möchten. Der Affe darf einen Dieb abschlagen, sobald er ihn innerhalb seines Reiches berühren kann. Es gilt also, den Affen abzulenken und blitzschnell zu agieren.
Ein abgeschlagener Dieb scheidet aus dem Spiel aus oder wird selbst Hüter der Kokosnüsse.
Das Spiel ist zu Ende, wenn es nur noch einen Dieb gibt, oder wenn es den Dieben gelungen ist, alle Kokosnüsse zu klauen.

Ballschleuder - Schleuderball

Teamspiel

Alter:	ab 3 Jahren
Anzahl:	2 Kinder und mehr
Material:	Wolldecke (Handtuch oder mehrfach gefaltetes Leintuch oder T-Shirts XXL), Bälle

Eine Decke wird auf dem Boden ausgebreitet und in die Mitte ein Ball gelegt. Ein Kind nimmt zwei Ecken der Decke in seine Hände und ein zweites Kind nimmt die anderen zwei Ecken in seine Hände. Sie zählen gemeinsam bis drei, schleudern den Ball nach oben und fangen ihn wieder auf.

Variationen für ältere Kinder

- Zwei Kinder halten ein Handtuch gespannt. Ein oder mehrere Kinder stellen sich mit etwas Abstand auf und zielen nacheinander auf das Handtuch. Sobald ein Ball auf dem Handtuch landet, wird es zur Ball-Schleuder, denn die zwei Kinder schleudern die Bälle damit möglichst weit weg. – Das erfordert gutes Reaktionsvermögen!
- Zwei Paare mit jeweils einem Tuch stellen sich nebeneinander und legen auf ein Tuch einen Ball. Nun schleudern sich die Paare den Ball gegenseitig zu. Wie oft gelingt es ihnen, ohne dass der Ball auf dem Boden landet?
- **Schleuderball über die Schnur:** Mehrere Paare bilden Gruppen. Mit den Handtüchern fangen und schleudern die Kinder den Ball über eine Schnur in das gegnerische Spielfeld. Landet der Ball auf dem Boden, erhält die Gruppe, die geschleudert hat, einen Pluspunkt.

Kleiderball

Alter:	ab 5 Jahren
Anzahl:	6 Kinder und mehr
Material:	1 weicher Ball, Steinchen

Jedes Kind legt ein Kleidungsstück (Mütze, Jacke, T-Shirt ...) so auf den Boden, dass alle Kleidungsstücke mit etwas Abstand in einer Reihe nebeneinander liegen. Ein Kind wird durch Auszählen bestimmt und wirft den Ball auf eines der Kleidungsstücke. Das Kind, dem das Kleidungsstück gehört, muss den Ball an sich nehmen, alle anderen laufen schnell weg. Sobald das Kind den Ball in den Händen hat, ruft es laut „Stopp!" und alle müssen sofort stehen bleiben. Nun versucht das Kind ein anderes Kind mit dem Ball abzuwerfen.

- Trifft es, bekommt das abgeworfene Kind ein Steinchen auf sein Kleidungsstück gelegt.
- Trifft es nicht, bekommt es selbst ein Steinchen auf sein Kleidungsstück gelegt.

Jetzt wirft es selbst oder das abgeworfene Kind den Ball auf ein Kleidungsstück und das Spiel beginnt erneut.

Wer nach mehreren Durchgängen am wenigsten Steinchen auf seinem Kleidungsstück liegen hat, ist Gewinner.

Ritterkampf

Teamspiel

Alter: ab 5 Jahren
Anzahl: 8 Kinder (besser mehr)
Spielleitung
Material: Softbälle (ersatzweise Tennisbälle), Schnur, Kreide oder Decken als Markierung, Münze oder Ritterlos (Pappe, Buntstifte, Schere)

Für das Spiel wird eine Münze oder ein Ritterlos benötigt. Für das Ritterlos eine kleine Pappscheibe ausschneiden und auf jeder Seite mit einem anderen Symbol bemalen, z.B. mit einem Drachenkopf und einem Falken.

Gespielt wird am besten auf einer großen Wiese oder in einer großen Halle.
Die Kinder teilen sich in zwei gleichstarke Gruppen auf, jede Gruppe erhält einen Namen, z.B. Drachensteine und Falkenaugen.
Die Mittellinie des Spielfeldes wird markiert. Auf der Mittellinie werden halb so viele Kugeln (Tennisbälle) abgelegt, als insgesamt Kinder mitspielen. Am Ende jedes Spielfeldes markiert jede Ritterbande mit einer Decke, einer Schnur oder dergleichen ihre Ritterburg.
Die Ritter setzen sich entlang der Mittellinie einander gegenüber. Die Spielleitung wirft die Münze oder das Ritterlos und ruft die jeweilige Ritterbande auf, für die das Los gefallen ist, also z.B.: „Drachensteine!" Die Drachensteine springen schnell auf, schnappen eine Kugel und werfen die gegnerischen Ritter ab. Diese rennen so schnell als mög-

lich in ihre Burg, denn dort sind sie völlig sicher. Getroffene Ritter müssen sich als Gefangene in die gegnerische Burg begeben und nehmen nicht mehr am Spiel teil. Spielen sehr viele Kinder mit, können die abgeworfenen Ritter auch einfach die Fronten wechseln.
Gespielt wird entweder über einen vorher vereinbarten Zeitraum, oder bis eine Ritterbande komplett abgeworfen wurde oder sich ergibt.

Packen

Alter: ab 5 Jahren
Anzahl: 10 Kinder und mehr
Material: 1 Ball

Die Kinder stellen sich im Kreis auf, ein Kind steht in der Mitte. Die Kinder im Kreis werfen oder rollen sich den Ball zu. Es ist auch erlaubt, den Ball direkt an den Nachbarn weiter zu geben.
Das Kind in der Mitte versucht, ein Kind zu berühren, beziehungsweise zu packen, solange dieses den Ball noch in den Händen hat. Die Kinder dürfen nicht ausweichen und auch nicht davonrennen. – Nur ein schneller Wurf kann sie vor dem Zupacken retten!
Wird ein Kind mit dem Ball erwischt, geht es in die Mitte und das Spiel geht weiter ...

Halli – Hallo

Alter: ab 5 Jahren
Anzahl: 6 Kinder und mehr
Material: 1 Ball

Ein Baum, Stein, Stock o.Ä. wird als Mal bestimmt. Die Kinder stellen sich in einer Reihe in einiger Entfernung zum Mal nebeneinander auf.

Ein Kind wird zum Werfer gewählt und stellt sich mit dem Ball vor die Reihe. Es denkt sich eine Zahl zwischen Eins und Zehn und wirft einem der Kinder den Ball zu.

Das Kind fängt den Ball und nennt eine Zahl im vereinbarten Zahlenbereich.

○ Ist die Zahl falsch geraten, sagt der Werfer „mehr" oder „weniger". Der Ball geht wieder an ihn zurück und wird einem anderen Kind zugeworfen ...

○ Ist die Zahl richtig, ruft der Werfer „Halli – Hallo" und spurtet zum vereinbarten Mal. Das Kind nimmt die Verfolgung auf und zielt mit dem Ball auf ihn. Gelingt es dem Kind, den Werfer zu treffen, bevor er das Mal erreicht hat, wird es selbst Werfer, andernfalls bleibt alles wie gehabt.

Hinweis: Je mehr Kinder mitspielen, desto höher sollte der Zahlenraum gewählt werden, damit mehr Kinder die Gelegenheit bekommen zu raten.

Wasserbauch

Alter: ab 3 Jahren
Anzahl: 2 Kinder und mehr
Material: 1 Wasserball oder großer Stoffball (ersatzweise Luftballon) für jedes Kind

Die Kinder klemmen sich nicht zu prall aufgeblasene Wasserbälle unter den Pulli. – Sie haben zu viel getrunken, ihre Bäuche sind dick und rund! Mit so dicken, weichen Wasserbäuchen kann keiner widerstehen, die anderen beim Spazieren durch den Raum anzurempeln!

Hinweis: Klären Sie mit den Kindern vor Spielbeginn, dass es bei einer lustigen Rempelei bleiben soll und nur mit den Bäuchen geschubst werden darf!

Wasser marsch!

Alter: ab 4 Jahren
Anzahl: 2 Kinder und mehr
Material: für jedes Kind 1 leere Flasche und 1 Tischtennisball, Wasserpistolen oder Spritzflaschen, 1 Tisch oder Bank

Die Flaschen werden mit ausreichend Abstand nebeneinander aufgestellt. Das geht am besten auf einer Bank oder einem Tisch. Auf jede Flasche wird ein Tischtennisball gelegt. Die Kinder füllen ihre Wasserpistolen und stellen sich mit etwas Abstand zu den Flaschen auf.

Heißt es „Wasser marsch!", spritzen alle auf die Tischtennisbälle und versuchen sie auf diese Weise von den Flaschen weg zu spritzen.

Hinweis: Die Kinder können auch um die Wette spritzen und das treffsicherste Kind zur „FeuerwehrspritzmeisterIn" küren. Wenn nicht genügend Wasserspritzen vorhanden sind, treten einfach immer zwei Kinder gegeneinander an.

FALKEN AUGEN

Eisbären versenken

Trotz der „Eisschollen" geht es bei diesem Spiel im Schwimmbad bestimmt heiß her!

Alter: ab 5 Jahren
Anzahl: 5 Kinder und mehr
Material: Wasserbälle für etwa die Hälfte der Kinder

Es wird im brusttiefen Wasser gespielt.
Alle Kinder sind Eisbären. Aber nur die Hälfte von ihnen bekommt Wasserbälle (Eisschollen). Sie paddeln bäuchlings auf den Eisschollen durch das Wasser. Die anderen möchten selbst einen Platz auf einer Eisscholle ergattern und versuchen die Eisbären von den Eisschollen zu treiben, indem sie spritzen, Wellen schlagen, unter ihnen durch tauchen ... – Nur direkt Hand anlegen dürfen sie dabei nicht!
Wem es gelingt, einen Eisbär baden zu schicken, darf sich selbst auf der frei gewordenen Eisscholle niederlassen.

Softball-Wasserschlacht

Eine willkommene Abkühlung im Sommer!

Alter: ab 3 Jahren
Anzahl: 2 Kinder und mehr
Material: Softbälle (ersatzweise Schwämme oder Waschlappen), Wasser, Eimer oder Wannen

Werden die Softbälle mit Wasser getränkt, können die Kinder sich bei einer wilden Wasserballschlacht so richtig austoben.
Natürlich sollten ausreichend mit Wasser gefüllte Eimer oder Wannen bereitstehen, damit die Bälle immer wieder „aufgetankt" werden können und der Spaß nicht zu schnell zu Ende ist!

Hinweis: Mit den tropfenden Softbällen lassen sich viele bekannte Ballspiele einmal auf nasse Weise spielen!

Wasserkreis

Ballspaß im Schwimmbad oder Badesee

Alter: ab 4 Jahren
Anzahl: 5 Kinder und mehr
Material: 1 Ball

Es wird in brusttiefem Wasser gespielt.
Alle Kinder bilden einen Kreis und halten sich an den Händen. In der Mitte des Kreises schwimmt ein Ball.
Durch Ziehen oder Drücken versuchen die Kinder einander mit dem Ball in Kontakt zu bringen. Wer den Ball berührt „taucht unter".

Heiße Steine

Teamspiel – Ein extrem bewegungsreiches Spiel, das allen Kindern großen Spaß macht und schon für jüngere Kinder geeignet ist, weil die Bälle nicht gefangen werden müssen!

Alter: ab 4 Jahren
Anzahl: mind. 4 Kinder, besser mehr
Material: möglichst viele Bälle (ersatzweise Zeitungsbälle, S. 16) oder im Sommer wassergefüllte Luftballons, Langbänke, Schnüre oder Kreide, um das Spielfeld zu markieren, evtl. Pfeife

Die Kinder bilden zwei Gruppen. Das Spielfeld wird in zwei nicht zu große Hälften geteilt. Auf jeder Hälfte liegen gleich viele Bälle als „heiße Steine" (mind. 1 Ball für jedes Kind).

Nach einem Startzeichen setzen die Kinder alles daran, ihr Feld möglichst schnell von den heißen Steinen zu befreien, indem sie die Steine einfach in Nachbars Garten werfen oder rollen. Jeder ankommende Ball wird sofort wieder zurück befördert.
Ziel des Spieles ist es, nach einer vorgegebenen Zeit (bzw. bis zum Abpfiff) möglichst wenige Steine im eigenen Feld zu haben oder das eigene Feld für kurze Zeit von allen Steinen frei zu halten. – Das schafft zwar kaum eine Gruppe, aber das tut der Spielfreude keinen Abbruch!
Tipp: Ganz besonders viel Spaß macht es im Sommer im Freien, wenn wassergefüllte Luftballons, so genannte Wasserbomben, zum Einsatz kommen!

Hinweis: Es ist sinnvoll, im Anschluss eine etwas ruhigere Beschäftigung anzubieten, damit alle wieder etwas Atem schöpfen können!

Kohlen aus dem Feuer holen

Ein sehr bewegungsreiches Spiel, bei dem die Kinder ganz schön ins Schwitzen kommen.

Alter: ab 3 Jahren
Anzahl: 5 Kinder und mehr
Material: 1 großer Korb (Holzkiste oder Bananenkiste), viele, nicht zu große Bälle (ersatzweise Zeitungsbälle, S. 16)

Viele Bälle befinden sich im Korb, sie sind die Kohlen im Feuer.
Ein oder zwei Kinder wollen das Feuer löschen und werfen die Bälle möglichst schnell aus dem Korb, während die anderen das Feuer immer wieder anfachen und die Kohlen schnell wieder ins Feuer zurück befördern.
⊙ Ist das Feuer gelöscht (sind keine Bälle mehr im Korb), haben die „Feuerlöscher" gewonnen und dürfen ihre Nachfolger bestimmen!
⊙ Brennt nach einer vorher festgelegten Zeit das Feuer noch, haben die „Feuermacher" gewonnen und bestimmen unter sich zwei neue Feuerlöscher.

Umlauf oder Abbrennen

Teamspiel

Alter:	ab 7 Jahren
Anzahl:	16 Kinder und mehr
Material:	1 weicher Ball, Kreide oder vier Stühle

Ein großer Raum oder eine an den Ecken markierte (quadratische) Fläche ist das Spielfeld. Jeweils in der Mitte der Seitenlinien wird mit einer Markierung oder einfach mit einem Stuhl ein Ruhefeld eingerichtet.

Die Kinder teilen sich in vier gleich starke Gruppen auf und begeben sich jeweils zu einer Ecke des Spielfeldes.

Ein Kind beginnt und wirft den Ball in das Spielfeld. So schnell es kann, rennt es los und versucht, das Spielfeld zu umrunden. Dabei darf es die anderen Kinder nicht aus den Augen lassen, denn die SpielerInnen der anderen Gruppen versuchen in der Zwischenzeit den Ball zu erwischen und auf den Läufer zu zielen. Der Läufer kann sich auf einem Ruhefeld, das auf seinem Weg liegt, in Sicherheit bringen und warten, bis wieder ein Kind seiner eigenen Gruppe den Ball erwischt und wirft, dann kann es seinen Weg um das Spielfeld herum fortsetzen, während auch das Kind, das geworfen hat, sich auf den Weg macht. Das Kind aus der anderen Gruppe, das den Ball geschnappt hat, begibt sich zurück in seine Ecke, sobald der Läufer aus der anderen Gruppe in Sicherheit ist. Es wirft den Ball nun ebenfalls ins Spielfeld und versucht, das Spielfeld zu umrunden. Wird ein Läufer vom Ball getroffen, muss er zurück zu seinem Startfeld. Je mehr Spieler einer Gruppe die Runde geschafft haben, desto besser. Sobald alle Kinder aus einer Gruppe das Spielfeld umrundet haben, hat diese Gruppe gewonnen und das Spiel ist beendet.

Variation für ältere Kinder

Ein Läufer, der getroffen wurde, muss in die Gruppe des Werfers wechseln und für diese Gruppe erneut starten. Haben in einer Gruppe alle Kinder das Feld umrundet, wird das Spiel beendet. Gewonnen hat nicht unbedingt die Gruppe, die das Spiel beendet, sondern die Gruppe, in der die meisten Läufer das Feld umrundet haben.

Neckball im Kreis

Alter:	ab 5 Jahren
Anzahl:	12 Kinder und mehr
Material:	1 Ball

Die Kinder stellen sich im Kreis auf, ein Kind bleibt als Läufer außerhalb. Die Kinder werfen den Ball im Kreis von Kind zu Kind. Kein Kind darf übergangen werden, allerdings ist es erlaubt, unvermittelt die Richtung wechseln.

Der Läufer verfolgt den Ball außerhalb des Kreises. Gelingt es ihm, den Ball zu berühren, wird das Kind zum Läufer, das den Ball zuletzt gespielt hat.

Wer den Ball versehentlich fallen lässt, wird ebenfalls zum Läufer.

Schneebälle türmen und stürmen

Es muss nicht immer eine Schneeballschlacht sein!

Alter:	ab 4 Jahren
Anzahl:	5 Kinder und mehr
Material:	Schneebälle

Mit Schneebällen sind viele Werfspiele möglich:

Turmbau

Zwei Kinder markieren einen Kreis um sich herum im Schnee, der von niemandem betreten werden darf. Innerhalb dieses Kreises formen die Kinder möglichst viele Schneebälle, die sie aufeinander türmen. Die anderen Kinder dürfen den Kreis zwar nicht betreten, aber sie versuchen von außen den Schneeballturm mit Schneebällen so zu bombardieren, dass dieser zusammenfällt. – Nach einer vorgegebenen Zeit wird ermittelt, wie hoch der Schneeballturm noch ist.

Schneemann abwerfen

Die Kinder bauen als Ziel einen Schneemann mit einem Hut auf dem Kopf, Stöcken als Nase und Armen ...
Dann wird nacheinander mit Schneebällen nach dem Schneemann geworfen.
- ◉ Den Hut abschießen = 3 Punkte
- ◉ Einen Arm oder die Nase abwerfen = 2 Punkte
- ◉ Den Schneemann treffen = 1 Punkt ...

Vor jeder neuen Runde muss der Schneemann wieder mit allen Teilen bestückt werden!
Natürlich kann mit den Schneebällen auch auf Baumstämme, Eimer ... gezielt werden.

Abwerfen

Im Schnee wird durch Stampfen ein Kreis markiert. Einige Kinder stehen im Kreis, die anderen außerhalb des Kreises. Die Kinder von außen werfen die Kinder im Kreis mit Schneebällen ab. Wer getroffen wird, verlässt den Kreis und spielt als Werfer außen mit.

Schneeball-Zielwerfen

Ein Kind legt vor: Es zielt auf einen dicken Baumstamm oder auf ein Garagentor. Die anderen Kinder sollen diese, durch den Wurf markierte Stelle ebenfalls treffen. Wer dem Ziel am nächsten kommt, gibt das nächste Ziel vor.

Geschicklichkeitsspiele mit dem Ball

Schon das mit dem Ball übliche Werfen, Fangen und Zielen fordert und fördert ein hohes Maß an Geschicklichkeit und Körperbeherrschung. Doch mit einem Ball lassen sich weitaus mehr Bewegungsabläufe anregen, die eine geübte Bewegungskoordination schulen und vertiefen helfen.

So werden bei den folgenden Ballspielen Gleichgewichtssinn ebenso wie Reaktionsfähigkeit und Bewegungsphantasie gefördert.

Schlagersänger

Alter: ab 3 Jahren
Anzahl: 1 Kind und mehr
Material: Tennisball und Papprolle für jedes Kind oder Frisbeescheiben und größere Bälle (evtl. Musik)

Die Kinder treten als SchlagersängerInnen auf. In der Hand halten sie als Mikrophon einen Tennisball auf der Papprolle und balancieren so (zur Musik) .

Variationen

⊙ **für ältere Kinder:** Schwieriger wird es, wenn die SchlagersängerInnen singend durch den Raum spazieren und vielleicht sogar Hindernisse (Kissen, Töpfe, Stühle ...) überwinden müssen.

⊙ Einen größeren Ball auf eine Frisbeescheibe legen. Jüngere Kinder halten die Scheibe mit beiden Händen, ältere Kinder balancieren sie mit einer Hand oder auf einem beliebigen Körperteil und legen damit eine vorgegebene Strecke oder einen Hindernisparcours zurück, ohne den Ball fallen zu lassen.

Fußball im Kreis

Ein sehr einfaches Spiel, das aber immer wieder mit großer Begeisterung gespielt wird!

Alter: ab 3 Jahren
Anzahl: 8 Kinder und mehr
Material: 1 Ball

Alle Kinder stehen möglichst dicht im Kreis und fassen sich an den Händen. Im Kreis liegt ein Ball, den sich die Kinder mit den Füßen zuspielen. Dabei darf der Ball den Kreis nicht verlassen. Die Kinder hindern ihn daran mit schnellen und geschickten Manövern, bei denen aber ausschließlich die Füße eingesetzt werden dürfen!
Aber Achtung! Die Kinder dürfen sich nur so weit von ihrem Platz entfernen, dass die Handfassung nicht reißt.
Kann der Ball nicht mehr im Kreis gehalten werden oder reißt die Handfassung, muss das Kind, bei dem die „undichte" Stelle war, ein Pfand geben oder gleich eine kleine Aufgabe erfüllen.

Ballschlange

Teamspiel

Alter: ab 3 Jahren
Anzahl: 3 Kinder und mehr
Material: Wasserbälle

Alle Kinder stellen sich in einer Reihe hintereinander auf und klemmen einen Ball zwischen den eigenen Bauch und den Rücken des davor stehenden Kindes. Das erste Kind in der Reihe bildet den Kopf der Ballschlange und hält seinen Ball in den Händen.
Nun soll sich die Schlange vorwärts bewegen, ohne dass ein Ball verloren geht.

Zunächst üben die Kinder, den Anschluss nicht zu verpassen und den Kontakt zu halten, wobei sie den Ball notfalls noch mit den Händen halten dürfen. Nach und nach nehmen sie die Hände immer mehr vom Ball, bis schließlich niemand mehr den Ball halten muss.
Hinweis: Damit diese Fortbewegung gelingen kann, ist die Fähigkeit zu einer sehr differenzierten Bewegungssteuerung nötig. Der eigene Bewegungsdrang muss eingeschränkt und mit den anderen abgestimmt werden. Dreijährige nehmen deshalb normalerweise nicht die Hände vom Ball.

Ball-Watscheln

Alter: ab 3 Jahren
Anzahl: 1 Kind und mehr
Material: 1 Ball für jedes Kind (je nach Größe der Kinder unterschiedlich große Bälle)

Das Kind klemmt den Ball zwischen seine Oberschenkel und watschelt oder hüpft damit.
Wer schafft es, dreimal oder öfter hintereinander zu hüpfen oder mit dem Ball eine bestimmte Strecke zurück zu legen, ohne den Ball zu verlieren?

Variation für ältere Kinder

Mehrere Kinder stellen sich entlang einer Startlinie auf und hüpfen mit eingeklemmtem Ball um die Wette.

Blasespiele

Alter:	ab 3 Jahren
Anzahl:	2 Kinder und mehr
Material:	leichte Bälle (Tischtennisbälle, Serviettenbälle oder Wattebälle) eventuell große Strohhalme ohne Knick, eventuell Bauklötze, Schere, Schnur, Klebeband, Stühle

Sehr leichte Bälle wie Wattebälle, Serviettenbälle oder Tischtennisbälle eignen sich besonders gut für Blasespiele.

Hinweis: Manchen Kindern fällt es zunächst leichter, mit einem Strohhalm zu blasen, weil die Luft mit dem Mund allein noch nicht so zielsicher „gelenkt" werden kann.

Spielmöglichkeiten

◦ Die Bälle über eine bestimmte Distanz auf dem Tisch oder einem glatten Boden um die Wette blasen.

◦ Auf einem Tablett einen kleinen Hindernisparcours aus Bauklötzen o.Ä. aufbauen. Einen Tischtennisball durch gezieltes Pusten durchrollen lassen.

◦ Die Kinder stellen sich mit den Händen auf dem Rücken um einen Tisch herum auf und versuchen, den Ball vom Tisch zu blasen. Wer ihn ohne Zuhilfenahme der Hände nicht auf dem Tisch halten kann, bekommt einen Strafpunkt.

◦ Ein kurzes Stück Plastikstrohhalm an einen Tischtennisball kleben. Eine Schnur durch den Strohhalm führen und mit den Enden jeweils an einer Stuhllehne festbinden. Das Kind stellt sich seitlich neben den Ball und bläst ihn von einem Ende der Schnur zum anderen. Natürlich dürfen die Hände nicht zum Einsatz kommen! Mehrere Kinder können auch um die Wette blasen.

Tipp: Blasespiele lassen sich auch mit Tischtennisbällen in der Badewanne durchführen und machen dort zu zweit besonders viel Spaß. Wenn jedes Kind einen eigenen Ball bekommt, können die Kinder die Bälle so lange aufeinander zu blasen, bis sich beide Bälle schließlich berühren.

Wackelpudding

Alter:	ab 3 Jahren
Anzahl:	1 Kind und mehr (eventuell Hilfestellung)
Material:	1 fester Wasserball oder 1 Sitzball, eventuell ein Medizinball

Wackel-Übungen mit dem Ball:

◦ Das Kind liegt bäuchlings auf dem Ball und rollt hin und her, wobei die Arme locker an den Seiten baumeln sollen. Die Beine haben nur leicht stützende Funktion.

◦ Ein Erwachsener hält das bäuchlings auf dem Ball liegende Kind an den gestreckten Beinen fest, während das Kind seine Arme weit zur Seite streckt. Wie ein Flugzeug oder ein Vogel bewegt sich das Kind jetzt auf dem Ball, wenn es sanft hin und her geschoben wird.

◦ Zwei Erwachsene halten das Kind, einer an den Händen, einer an den Füßen. Das Kind wird auf dem Ball hin und her gerollt.

◦ Ist das Kind schon sicher auf dem Ball, sitzt es auf dem Ball und rollt hin und her, indem es ein wenig mit den Füßen schiebt.

◦ Zuletzt kann das Kind mit Hilfestellung auf dem Ball stehen und sogar versuchen ein kleines Stück mit dem Ball unter den Füßen zu gehen.

Hinweis: Für das Gehen auf dem Ball sollte nur der Sitzball oder ein Medizinball zum Einsatz kommen – der Wasserball könnte platzen.

Kippeln

Alter: ab 3 Jahren
Anzahl: 1 Kind und mehr, Spielleitung
Material: 1 breites Brett oder Kastenoberteil, Medizinbälle oder andere sehr feste Bälle, eventuell Matten

Unter das Brett oder das Kastenoberteil Medizinbälle so verteilen, dass eine wackelige Oberfläche entsteht.

Den Aufbau rundherum mit Matten absichern, wenn nicht eh auf einer Wiese gespielt wird.

Wichtig: Bei allen Übungen muss immer eine Person zur Sicherung oder Hilfestellung daneben stehen!

Die Kinder probieren verschiedene Gleichgewichtsübungen im Liegen, im Sitzen, im Knien und im Stehen aus:

∘ Ein oder mehrere Kinder liegen bäuchlings oder rücklings auf der kippeligen Unterlage und versuchen sie in Bewegung zu versetzen, indem sie Arme und Beine anheben und selbst heftig zu wackeln beginnen.

∘ Ein oder mehrere Kinder sitzen auf der Unterlage und stehen langsam und vorsichtig auf. Die Kinder können auch paarweise mit Handfassung aufstehen.

∘ Ein Kind kniet auf der Unterlage und versucht sich darauf vorwärts zu bewegen.

∘ Ein Kind steht auf der Unterlage, eventuell mit Hilfestellung und macht erste Schritte darauf.

Floßfahrt

Diese Floßfahrt regt den Gleichgewichtssinn in besonderer Weise an.

Alter: ab 3 Jahren
Anzahl: 1 Kind und mehr, Spielleitung
Material: 1 Bodenmatte, möglichst viele (mindestens 15) Medizinbälle oder andere sehr feste Bälle

Die Bälle werden unter eine Bodenmatte gelegt. Durch die nachgiebige Oberfläche entsteht noch einmal ein ganz anderes kippeliges Gefühl.

Zur Gewöhnung probieren die Kinder die unter Kippeln (s.o.) beschriebenen Übungen aus. Sie bewegen sich auf der Matte vorwärts, rückwärts, kriechend, krabbelnd, gehend … Schwieriger wird es, wenn dabei ein Gegenstand in den Händen gehalten werden soll.

Für die **Floßfahrt** setzen oder legen sich mehrere Kinder auf die Matte. Zwei Erwachsene oder mehrere kräftige Kinder rütteln zuerst sanft und dann immer heftiger an der Matte, so dass richtiger „Seegang" entsteht und die Kinder auf dem Floß die Bewegungen ausgleichen müssen.

Schließlich wird das Meer wieder ruhiger, die Bewegungen werden sanfter und die Kinder können sich bei sanftem Schaukeln wieder entspannen.

Heiße Kartoffel

Teamspiel möglich – Bei diesem Spiel wird nicht nur die Auge-Hand-Koordination, beziehungsweise Auge-Fuß-Koordination trainiert, sondern auch Schnelligkeit und Reaktionsvermögen.

Alter: ab 3 Jahren
Anzahl: 5 Kinder und mehr
Material: Tischtennis- oder Gummibälle (Flummis)
für die Variation mit den Füßen: größere Bälle, eventuell Löffel

Alle Kinder sitzen oder stehen im Kreis. Sie sollen einen kleinen Ball als „heiße Kartoffel" so schnell als möglich um die Runde befördern. Damit niemand sich die Finger verbrennt, nimmt jedes Kind die heiße Kartoffel mit einer Hand in Empfang und gibt sie so schnell es nur kann in die andere Hand und schließlich an den Nachbarn weiter. Wie viele Runden macht die „Kartoffel", ehe sie zu Boden fällt?

Kleinere Kinder singen dazu gern das folgende Lied, eine abgewandelte Version des volkstümlichen „Taler, Taler, du musst wandern".

1. Flummi, Flummi, du musst wandern,
   von der einen Hand zur andern.
   Das ist gut, das macht Spaß,
   Flummi fall nur nicht ins Gras.

2. Flummi, Flummi, du musst wandern,
   von dem einen Fuß zum andern.
   Das ist gut, das macht Spaß,
   Flummi fall nur nicht ins Gras.

Variationen

⬦ **... mit den Füßen:** Alle haben sich schon einmal die Finger verbrannt, deshalb muss die Kartoffel jetzt mit den Füßen (am besten barfuß) weiter gereicht werden. Die Kinder sitzen im Kreis so weit auseinander, dass sie sich mit ausgestreckten Füßen gut erreichen können. Sie reichen den Ball mit den Füßen weiter. Dabei dürfen sie sich mit den Händen auf dem Boden oder dem Stuhl abstützen.

⬦ Jedes Kind im Kreis erhält einen Löffel. Ein Tischtennisball wird von Löffel zu Löffel weitergereicht.

Hinweis: Die Kinder können auch in Teams gegeneinander antreten.

Katz und Maus

Alter: ab 4 Jahren
Anzahl: 4 Kinder und mehr, eventuell Spielleitung
Material: 2 verschiedenfarbige Bälle

Alle Kinder sitzen am Boden im Kreis. Zwei Kinder, die einander gegenüber sitzen, nehmen je einen Ball in die Hände. Der eine Ball soll die Katze sein, der andere Ball ist die Maus. Nach dem Startsignal versucht die Katze, die Maus einzuholen. Dazu geben die Kinder die Bälle so schnell sie können weiter. Das Kind, bei dem die „Katze" die „Maus" eingeholt hat, gibt ein Pfand.

Variationen

∘ Sobald die Spielleitung „Rückwärts!" ruft, wird die wilde Jagd in die entgegengesetzte Richtung fortgesetzt.
∘ Noch lustiger wird es, wenn mehrere Mäuse und eine Katze ins Spiel kommen.

Irgendwann purzeln einfach alle Bälle durcheinander!

Wanderball

Teamspiel – „Heiße Kartoffel" (S. 70) für viele!

Alter: Kinder ab 5 Jahren
Anzahl: 16 Kinder und mehr (gerade Anzahl)
Material: nicht zu kleine Bälle

Die Kinder stellen sich in zwei Reihen, mit ein paar Metern Abstand, einander gegenüber auf. In jeder Reihe wandert der Ball nach dem Startsignal von einem Kind zum anderen, bis er am Ende der Reihe angekommen ist.
Dabei sind mehrere Variationen möglich:

∘ **Siebentagerennen:** Der Ball wandert nach dem Startsignal sieben Mal hin und zurück.
∘ **Wanderball mit Wettrennen:** Der Ball startet in beiden Reihen gleichzeitig, wandert bis zum letzten Kind am Ende der Reihe. Das Kind rennt mit dem Ball in der Hand an den Anfang und schickt ihn sofort wieder auf die Reise ... Das wird so lange wiederholt, bis das erste Kind wieder am Anfang der Reihe steht.
Beide Varianten können auch im Sitzen gespielt werden. Beim Wanderball mit Wettrennen kommt so durch das Aufstehen noch mehr Bewegung ins Spiel.
∘ **Zickzack-Wanderball:** Die Kinder stellen sich in zwei Reihen gegenüber auf, so dass eine schmale Gasse zwischen ihnen entsteht. Jetzt wird mit Eins und Zwei abgezählt, wobei eine Reihe mit Eins, die andere mit Zwei beginnt. Alle Einser und alle Zweier bilden ein Team und geben ihren Ball nun im Zickzack zwischen den beiden Reihen hin und her. Die Einser geben den Ball also immer an den schräg gegenüberstehenden Einser weiter. Die Zweier machen es ebenso.

Ball weiterreichen

Teamspiel

Alter: ab 4 Jahren, eventuell Spielleitung
              als Unterstützung
Anzahl: 14 Kinder und mehr
Material: 1 Ball für jede Gruppe

Die Kinder teilen sich in zwei oder mehr Teams auf und stellen sich jeweils mit gegrätschten Beinen in einer Reihe mit etwas Abstand hintereinander auf. Das erste Kind hält einen Ball in den Händen.

Auf ein Startzeichen hin gibt das Kind den Ball zwischen den gegrätschten Beinen hindurch an das zweite Kind weiter. Dieses Kind reicht den Ball an das dritte Kind weiter ... Wenn der Ball beim letzten Kind in der Reihe angekommen ist, läuft dieses Kind mit dem Ball an die Spitze seiner Gruppe und gibt ihn wieder durch die gegrätschten Beine nach hinten weiter.

Falls ein Ball wegrollt, muss er schnell von dem Kind zurückgeholt werden, das den Ball verloren hat.

Dieser Spielablauf wird so lange wiederholt, bis das erste Kind wieder am Anfang der Reihe ist. Gewonnen hat das Team, das zuerst alle Durchgänge geschafft hat.

Variationen

Den Ball

○ durch die gegrätschten Beine nach hinten rollen.

○ abwechselnd einmal über den Kopf und dann wieder durch die Beine weiterreichen.

○ seitlich im Wechsel rechts und links herum weiterreichen.

Flöhe fangen

Alter: ab 3 Jahren
Anzahl: 1 Kind und mehr, Spielleitung
Material: für jedes Kind 1 Ball und 1 Reifen
              (Gymnastik- oder Hula-Hoop-
              Reifen), eventuell Korb

Die Spielleitung rollt einen oder mehrere Bälle durch den Raum – das sollen die entwischten Flöhe sein. Das Kind hält den Reifen mit beiden Händen vor dem Körper, fängt damit die Flöhe ein und bringt sie zum Anhalten. Liegen alle Flöhe ruhig auf dem Boden, können sie eingesammelt werden – bis sie wieder entwischen ...

Wespenball

Alter: ab 3 Jahren
Anzahl: 5 Kinder und mehr
Material: 1 Ball

Der Ball ist eine Wespe, die es auf die Füße der Kinder abgesehen hat. Alle Kinder bewegen sich auf dem Spielfeld und rollen den Ball kreuz und quer durch den Raum. Er darf nur mit den Händen gespielt werden. Er darf nicht geworfen, sondern nur gerollt werden!

Wer die Wespe, also den Ball mit den Füßen berührt, ist gestochen und kann mit diesem Stich leider nicht mehr mitspielen!

Wer der Wespe am geschicktesten ausweichen kann und nicht gestochen wird, hat gewonnen.

Kricket

Alter:	ab 4 Jahren
Anzahl:	2 Kinder und mehr
Material:	Papprollen (von Küchenrolle, Toilettenpapier), Schachteln, Äste, evtl. Schaschlikspieße, Steine, kleine Bälle, Regenschirm mit Rundgriff

Eine Kricketbahn lässt sich leicht selbst herstellen: Die Papprollen und Schachteln werden auf der Wiese verteilt und wo es notwendig ist mit Steinen, Ästen oder Schaschlikspießen fixiert. Aus Ästen können auch Tore gebaut werden, indem einfach zwei Äste mit etwas Abstand in die Erde gesteckt werden.

Vom Startpunkt aus wird mit dem Schirmgriff der Ball durch die ganze Bahn geschlagen. Wer benötigt am wenigsten Schläge für den ganzen Parcours?

Latschengolf

Alter:	ab 3 Jahren
Anzahl:	2 Kinder und mehr
Material:	Straßenkreide oder Papier, Stifte und Klebeband, kleine Bälle, Schuhe („Latschen")

Auf einem Spielfeld werden mit Straßenkreide Ziele aufgemalt und fortlaufend nummeriert. In einem Zimmer können stattdessen nummerierte Blätter als Zielmarkierungen auf den Boden geklebt werden.

Von einem Startplatz aus schlagen die Spieler ihren Ball mit dem Schuh (am besten mit dem Absatz) auf das erste Ziel, von dort auf das nächste Ziel und so weiter.

Wer seinen Ball mit den wenigsten Schlägen in der richtigen Reihenfolge auf alle Ziele geschlagen hat, ist Latschen-MeisterIn.

Hinweis: Die Anzahl der Schläge kann notiert werden. Jüngere Kinder müssen ihr Feingefühl und den dosierten Krafteinsatz erst üben, deshalb sollten sie nicht so viele Ziele ansteuern müssen und keinen Wettkampf veranstalten. Jedes Kind, das die Bahn durchlaufen hat, ist Latschen-MeisterIn.

Tischhockey

Alter:	ab 4 Jahren
Anzahl:	2 Kinder
Material:	1 kleiner Ball (z. B. Papierball), Bücher oder Bauklötze, 2 Löffel

Auf einem großen Tisch oder auf dem Boden wird mit Bauklötzen und/oder Büchern eine „Minibande" als Spielfeldbegrenzung aufgebaut, wobei auf jeder Seite eine Lücke für ein Tor gelassen wird.

Die Schläger sind umfunktionierte Löffel – und schon kann das Tischhockeyspiel beginnen.

Flipper

Alter: ab 4 Jahren
Anzahl: 1 Kind und mehr
Material: 1 Tischtennisball, Pappdeckel mit Rand (z. B. von einem Schuhkarton) Schere, eventuell Stift

In den Pappdeckel drei oder mehr Löcher schneiden, die etwas größer als der Tischtennisball sind. Den Tischtennisball an einer Seite in den Deckel legen. Durch geschicktes Bewegen des Deckels soll der Ball an den Löchern vorbei zur andere Seite gelenkt werden.

Hinweis: Je mehr Löcher in den Deckel geschnitten werden, desto schwieriger wird das Spiel. Wird gar mit mehreren Bällen gleichzeitig gespielt, ist noch viel mehr Geschicklichkeit gefordert.

Variation für ältere Kinder

Auf dem Pappdeckel wird zusätzlich eine Bahn gezeichnet. Von diesem vorgegebenen Weg soll der Ball möglichst nicht abweichen.

Löffelrennen

Alter: ab 4 Jahren
Anzahl: 1 Kind und mehr
beim Löffelfechten 2 Kinder
Material: Suppenlöffel, Tischtennisbälle oder andere kleinere Bälle, eventuell Kreide, Kissen, Tische, Stühle, Schnüre ...

Eierlaufen, bei dem ein Ei auf einem Löffel unversehrt über eine vorgegebene Strecke getragen werden muss, ist ein echter Klassiker. Liegen anstatt der Eier Tischtennisbälle auf den Löffeln, lässt sich dieser Spielspaß noch ausweiten.

○ **Hindernisrennen:** Das Kind kriecht mit dem Ball auf dem Löffel unter Tischen hindurch, steigt über Stühle und Schnüre ...

○ **Aufgaben erfüllen:** Das Kind muss mit dem Ball auf dem Löffel verschiedene Aufgaben erfüllen, z. B: mit der freien Hand eine Schublade oder eine Tür öffnen, ein Getränk eingießen, die Haare kämmen ...

○ **Löffelfechten:** Es wird eine Mittellinie markiert, die nicht übertreten werden darf. Zwei Kinder stellen sich jeweils auf einer Seite der Linie auf. In jeder Hand halten sie einen Suppenlöffel, auf dem linken Löffel liegt ein Tischtennisball. Und schon kann das Fechten mit dem Löffel ohne Ball beginnen. Schwierig dabei ist, den Tischtennisball auf dem Löffel in der linken Hand immer so im Gleichgewicht zu halten, dass er nicht herunter kullert.

Wer den Ball verliert, hat die Runde verloren.

Variation: Die Kinder versuchen mit dem eigenen freien Löffel den Ball des Spielpartners vom Löffel zu befördern.

Eiertanz

Alter: ab 4 Jahren
Anzahl: 1 Kind und mehr
Material: 1 Tischtennisball oder Gummiball,
Eierschachtel, eventuell
Wattebausch

Vom Eierkarton den Deckel abtrennen und in eine der Vertiefungen den Tischtennisball (als Ei-Ersatz) legen.
Der Ball soll nun nacheinander in alle Vertiefungen manövriert werden, ohne dabei auf den Boden zu fallen.

⊙ Dazu kann der Eierkarton schräg gehalten werden, damit der Ball weiterrollt.
Aber Achtung: Schnelle Reaktion ist hier besonders wichtig, damit durch geschickte Gegenbewegung das Herunterrollen des Balles verhindert wird.

⊙ Oder der Ball wird ein wenig in die Luft geschleudert und mit dem Karton wieder aufgefangen.
Tipp: Jüngere oder weniger geschickte Kinder üben mit einem Wattebausch.

Kloß am Hals

Alter: ab 4 Jahren
Anzahl: 5 Kinder und mehr
Material: 1 Tennisball

Alle Kinder stehen im Kreis. Ein Kind beginnt und klemmt sich den Ball zwischen Kinn und Hals. Jetzt soll der Ball ohne Zuhilfenahme der Hände weitergegeben werden. Das Kind, das den „Kloß" also am Hals hat, muss sich ebenso wie das Kind, das den „Kloß" bekommen soll, ziemlich verrenken.

Sollte der Ball doch einmal zu Boden fallen, müssen die beiden Kinder, die gerade an der Reihe waren, ein Pfand geben.

Kartoffeln
aus dem Feuer holen

Hier ist sehr viel Fingerspitzengefühl notwendig!

Alter: ab 4 Jahren
Anzahl: 2 Kinder und mehr
Material: Tennisbälle, dicke Schnüre,
rotes Tuch

Das rote Tuch liegt als Feuer in der Mitte, die Bälle liegen als Kartoffeln im Feuer. Die Kinder sind Cowboys, die um das Lagerfeuer sitzen und hungrig ihre heißen Kartoffeln aus dem Feuer holen möchten. Dazu benutzen sie ihr Lasso. Die Schnur wird mit der Mitte um die Kartoffel gelegt. Die Cowboys ziehen vorsichtig an den beiden Enden ihrer Schnur. Wem gelingt es, die Kartoffel zu sich zu ziehen, ohne dass die Schnur unter der Kartoffel durchrutscht?

Teller-Ball-Lauf

Alter: ab 4 Jahren
Anzahl: 1 Kind und mehr
Material: 1 Pappteller oder Frisbee-Scheibe
und 1 Ball für jedes Kind

Den Ball auf den Teller oder auf die Frisbee-Scheibe legen.
Das Kind läuft mit dem Ball zu einem vorher vereinbarten Ziel.
Nach etwas Übung können auch Wettläufe veranstaltet werden.

Balltüte

Alter: ab 4 Jahren
Anzahl: 2 Kinder und mehr
Material: Zeitungen

Eine Zeitung zu einer Tüte formen und aus weiteren Zeitungsblättern Bälle knüllen.

Ein Kind hält die Papiertüte in der Hand, das andere Kind wirft die Zeitungsbälle in die Tüte. Das Kind, das die Tüte hält, kann den Werfer unterstützen, indem es versucht, die Bälle mit der Tüte zu fangen.

Becherball

Alter: ab 5 Jahren
Anzahl: 1 Kind und mehr
Material: Zeitungsbälle (S. 16), große Plastikbecher oder Rührbecher mit Griff

Das Kind hat einen großen Plastikbecher mit Griff als Fanggerät in der Hand. Es nimmt mehrere kleine Zeitungsbälle und wirft sie gleichzeitig möglichst hoch in die Luft und fängt so viele als möglich mit dem Becher wieder auf.
Am Anfang ist es schwierig, wenigstens einen Ball zu erwischen, doch mit der Zeit gelingt es meist sogar mehrere Bälle zu fangen.

Haben die Kinder etwas geübt, können mehrere Kinder um die Wette spielen: Alle stellen sich im Kreis auf und werfen auf ein Startsignal hin gleichzeitig ihre Bälle in die Luft. Für jeden gefangenen Ball gibt es einen Punkt.
Hinweis: Größere Bälle sind leichter zu fangen, als kleinere.

Variation

Zwei oder mehr Kinder werfen sich den Ball aus dem Becher zu und fangen ihn mit dem Rührbecher auf.

Ball-Spaziergang

Auf diese Weise legen auch spazierfaule Kinder, ohne es zu bemerken, oft eine beachtliche Strecke zurück!

Alter: ab 5 Jahren
Anzahl: 2 Kinder und mehr
Material: für jedes Kind 1 Tennisball und 1 Schläger (z. B. Spazierstock, Kricketschläger, Stecken ...)

Gespielt wird zum Beispiel während eines Spazierganges im Wald. Das jüngste Kind beginnt und treibt den Ball mit einem Schlag auf dem Weg voran. Die anderen legen nach und versuchen den ersten Schlag zu übertreffen. Wer den Ball am weitesten treiben konnte, darf als nächster vorlegen. **Aber Achtung:** Der Ball darf nicht vom Weg abkommen! Die Kinder müssen also vor Kurven oder an sehr unebenen Stellen ihre Kraft geschickt dosieren.

Ball-Balance

Alter: ab 4 Jahren
Anzahl: 1 Kind und mehr
Material: verschieden große Bälle, Wasserbälle, evtl. Kassettenrekorder oder CD-Spieler, Stoppuhr, Schnur

Die Kinder balancieren den Ball auf vielfältige Weise. Das anfängliche Üben und macht mit etwas Musik im Hintergrund doppelt Spaß.

Balance-Übungen

⊙ Den Ball auf einem Körperteil, zum Beispiel der flachen Hand, der Nase, dem Knie balancieren.

⊙ Der Ball wird mit gestreckten Händen über dem Kopf gehalten, während das Kind über eine Schnur balanciert.

⊙ Das Kind hält eine Zeitung vor dem Körper und balanciert darauf einen Ball über eine vorgegebene Strecke. Noch schwieriger wird es, wenn das Kind mit dem Ball auf der Zeitung über ein Seil balancieren soll.

⊙ Noch mehr Geschicklichkeit ist für folgende Übung notwendig: Das Kind legt den Ball auf die flache Hand und streckt den Arm zunächst gerade aus. Jetzt hebt es den Arm sehr gleichmäßig an, so dass der Ball auf dem Arm Richtung Schulter rollt. Bevor der Ball auf den Boden purzelt, muss er schnell gefangen werden!

⊙ Der ganze Körper kommt zum Einsatz, wenn die Kinder einander gegenüber stehen und einen Ball zwischen die Stirn oder die Wangen klemmen. Gelingt es, in die Hocke zu gehen, ohne den Ball zu verlieren? Können die Kinder gemeinsam eine vorgegebene Strecke zurücklegen?

⊙ Zwei Kinder stehen nebeneinander, Schulter an Schulter. Der Ball (ein eher weicher Ball) wird zwischen die Schulter geklemmt und beide setzen sich in Bewegung. Wie weit können sie gehen, bis der Ball herunterpurzelt?
Der Ball kann natürlich auch zwischen andere Körperteile geklemmt werden, etwa zwischen Bauch, Po, Rücken, Kopf ...
Hier ist viel Kooperationsbereitschaft nötig.

⊙ Die Kinder halten den Ball mit beiden Händen über dem Kopf. Nun setzen sie sich auf den Boden und stehen wieder auf. Das ist gar nicht so einfach, wenn die Hände nicht mithelfen können. – Eine gute Übung fürs Gleichgewicht.

⊙ Die Kinder sitzen im Schneidersitz und halten den Ball mit beiden Händen über dem Kopf. Wer kann sich mit dem Ball in den Händen zurücklegen und dann wieder in Sitzposition aufrichten? Wer kann aus dem Schneidersitz aufstehen?

⊙ Die Kinder begeben sich in Rückenlage. Wer kann den Ball um den ganzen Körper herum rollen, indem er ihn zunächst über den Bauch und dann unter dem Rücken durchführt?
Nach einigen Wiederholungen gelingt das immer schneller und die Kinder können ein kleines Wettspiel veranstalten: Wer kann den Ball am häufigsten um den Körper führen, bis er davonrollt oder ein Signal ertönt?

Hinweise:

⊙ Das Üben lässt sich abwechslungsreich gestalten, wenn die Übungen zwischendurch leicht verändert werden, z. B. wenn zusätzlich Hindernisse umgangen oder überstiegen werden müssen. Auch ein Richtungswechsel bringt neuen Reiz ins Spiel.

⊙ Wird Musik eingesetzt, können einige Übungen als Tanz ausgeführt werden.

⊙ Sind die Kinder bereits sicher, können sie ihre Balancekünste miteinander messen.

Sitzball

Teamspiel – Ein lustiges, aber auch sehr anstrengendes Spiel!

Alter: ab 5 Jahren
Anzahl: 10 Kinder und mehr, Spielleitung
Material: 1 Ball, Spielfeldmarkierung

Handball oder Fußball kann auch im Sitzen gespielt werden. Dazu werden ein nicht zu großes Spielfeld und zwei Tore markiert.
Die Kinder bilden zwei Teams, verteilen sich auf dem Spielfeld und setzen sich auf den Boden.
Achtung: Während der gesamten Spielzeit müssen entweder die Hände und Füße, Hände und Po oder Füße und Po gleichzeitig den Boden berühren!
Um den Ball zu erreichen, bewegen sich die SpielerInnen schnell auf Händen und Füßen zum Ball. Wer den Ball zuerst erreicht, setzt sich schnell hin und spielt den Ball einem Teamkollegen zu.
Hinweis: Noch schwerer wird es, wenn die Kinder sich nur im Krebsgang, also rücklings auf Händen und Füßen fortbewegen dürfen.

Zwillings-Fußball

Teamspiel – Hier ist nicht nur Geschicklichkeit gefordert, sondern es kommt auf Kooperation, gemeinsame Planung und Rücksichtnahme an, damit die Bewegungen gut aufeinander abgestimmt werden können.

Alter: ab 5 Jahren
Anzahl: 2 Kinder und mehr, Spielleitung
Material: für je zwei Kinder 1 Tor (z. B. großer Karton), 1 Ball und 1 Halstuch (oder Mullbinde), evtl. leicht reißende Wolle

Die Tore (Kartons) werden gleichmäßig auf dem Spielfeld verteilt.
Die Kinder finden sich paarweise zusammen und stellen sich nebeneinander. Die Spielleitung bindet jedem Paar die mittleren Füße mit der Mullbinde zusammen. **Achtung:** Nicht zu fest binden, damit die Knöchel nicht aneinander drücken und schmerzen.
Jedes Zwillingspaar erhält einen Ball und kickt ihn über das Spielfeld und versucht ihn in das eigene Tor zu treffen.
Haben die Kinder einige Zeit geübt, können sie auch um die Wette spielen: Alle stellen sich mit gleichem Abstand vor ihrem Tor auf. Wer den Ball zuerst im Tor hat, gewinnt.

Variationen

Zwillings-Handball

Es wird mit den Händen gespielt, wobei den Kindern diesmal jeweils die Hände zusammengebunden werden.

Fußangeln

Für ein Handball- oder ein Fußballspiel werden die Hände oder Füße so zusammengebunden, dass dazwischen noch etwa 25 bis 30 cm „Spiel" bleibt.

Vorsicht: Schon beim Laufen heißt es gut aufpassen, damit niemand stolpert, sich verwickelt oder hängen bleibt. Nebenbei auch noch einen Ball zu treffen oder zu fangen ist schon eine Kunst.

Achtung: Es sollten nur Schnüre verwendet werden, die schnell reißen, damit keine erhöhte Unfallgefahr besteht.

Prellball mit Hindernissen

Alter: ab 5 Jahren
Anzahl: 1 Kind und mehr
Material: 1 Ball, mehrere Hindernisse (Stühle, Kissen, Kisten ...)

Zum Aufwärmen üben die Kinder das Ball-Prellen ein: Den Ball auf den Boden werfen und mit einer Hand immer wieder zurück prellen.

Sind die Kinder wieder eingespielt, wird ein kleiner Parcours mit Hindernissen aufgebaut, die umgangen werden müssen, während gleichzeitig ununterbrochen geprellt wird.

Hinweis: Ältere Kinder können auf diese Weise natürlich auch einen kleinen Wettlauf veranstalten.

Team-Kopfball

Teamspiel

Alter: ab 5 Jahren
Anzahl: 2 Kinder und mehr
Material: für jeweils 2 Kinder 1 weicher Ball

Die Kinder legen sich einander gegenüber flach auf den Bauch, so dass sich ihre Köpfe berühren. Sie legen den Ball zwischen die Köpfe. Jetzt sollen sie ganz langsam und gleichmäßig aufstehen und dabei den Ball zwischen den Köpfen hochheben. Die Hände dürfen dabei natürlich nicht zum Einsatz kommen.

Hinweis: Hier ist wieder eine sehr enge Zusammenarbeit und Bewegungsabstimmung notwendig.

Pinguin-Ball

Teamspiel

Alter: ab 6 Jahren
Anzahl: 10 Kinder und mehr
Material: Schwimmflossen, Ball, eventuell Tore oder Zielmarkierungen, eventuell Taucherbrillen, Schnorchel, Badekappen, Schwimmflügel ...

Die Kinder bilden wie beim Fußball zwei Teams. Bevor das Spiel beginnen kann, ziehen allerdings alle SpielerInnen Schwimmflossen an.

Ziel ist es nun, möglichst viele Treffer in das gegnerische Tor zu erzielen, wobei alle Körperteile, nicht nur die Füße zum Einsatz kommen dürfen. Noch lustiger wird es, wenn die Spieler Taucherbrillen, Badekappen, Schwimmflügel, Schwimmreifen ... anlegen sollen.

Ganzkörpertraining mit dem Ball

Der Ball ist **das** ideale Spiel- und Trainings-gerät. Es gibt praktisch kein Körperteil, keinen Muskel, keinen Teil des Bewegungs-apparates, der nicht mit dem Ball spielerisch trainiert werden könnte.

Ein Ganzkörpertraining mit dem Ball gestaltet sich vielseitig, äußerst abwechslungsreich und effektiv und macht sehr viel mehr Spaß, als Gym-nastikübungen gewöhnlich – und das nicht nur den Kindern.

Nasenbär

Alter:	ab 3 Jahren
Anzahl:	1 Kind und mehr
Material:	1 Ball für jedes Kind, eventuell Kreide oder Seile zur Markierung einer Start- und Ziellinie, eventuell Stühle, Kartons

Die Nasenbären sind hungrig und begeben sich auf Futtersuche. Die Kinder gehen auf die Knie und bringen krabbelnd ihre Beute (den Ball) nach Hause.

Zum Transport darf der Ball nur mit der Nase beziehungsweise dem Kopf vorangestoßen wer-den – Hände und Füße dürfen nicht zum Einsatz kommen.

Hinweis: Anstrengender wird es, wenn die Nasenbären nicht auf den Knien krabbeln, son-dern im Vierfüßler laufen oder auf dem Boden robben und kriechen. Oder auf der Strecke wer-den zusätzlich Hindernisse aufgestellt, die umgangen oder durchkrabbelt werden müssen.

Variationen für ältere Kinder

Die Kinder spielen um die Wette:

⚬ Jedes Kind bekommt einen Ball. Wer bringt die Beute am schnellsten ins Ziel?

⚬ Die Bälle liegen auf dem Spielfeld verteilt und zwei Gruppen spielen gegeneinander. Wer bringt die meisten Bälle in sein Ziel?

⚬ Wenn viele Kinder mitspielen, ist auch eine Staffel möglich: Es wird eine Start- und Ziel-linie und ein Wendepunkt markiert. Die Kin-der teilen sich in zwei Teams auf und treiben jeweils den Ball von der Startlinie über den Wendepunkt zurück zur Ziellinie. Von hier startet sofort das nächste Kind ... Die Gruppe, deren Kinder zuerst alle an der Reihe waren, gewinnt.

Ball-Lift

Übungen zur Kräftigung der Bauchmuskulatur.

Alter: ab 3 Jahren
Anzahl: 1 Kind und mehr
Material: verschieden große Bälle, eventuell eine Langbank oder Kisten

Das Kind sitzt auf dem Boden und klemmt den Ball zwischen die Füße und bewegt ihn abwechselnd in die Luft und wieder zurück. Das Liftfahren macht dem Ball Spaß! Wer schafft es, ihn ganz oft auf und ab fahren zu lassen, ohne den Boden zu berühren?

Hinweis: Während die jüngeren Kinder sich mit den Händen abstützen dürfen, sollen die älteren Kinder frei sitzen.

Fliegender Fisch

Das Kind sitzt barfuß auf dem Boden und nimmt einen leichten Ball zwischen beide Füße. Der Ball soll ein kleiner Fisch sein, der fröhlich aus dem Wasser springt. Dazu schleudert das Kind den Ball in die Luft. Kinder ab vier Jahren können den Ball mit beiden Füßen werfen und mit den Händen fangen. Dazu ist allerdings schon viel Übung notwendig.

Variationen für ältere Kinder

◦ **Ball-Karussell:** Das Kind klemmt den Ball zwischen die Füße, hebt ihn leicht vom Boden ab und dreht sich auf dem Po um die eigene Achse (Sitzkreisel). Die Hände können mithelfen.

◦ **Ball im Kreis:** Alle sitzen im Kreis. Ein Kind klemmt den Ball zwischen seine Füße und reicht ihn an seinen Nachbarn weiter. Wie viele Runden schaffen die Kinder, ohne dass der Ball auf dem Boden landet?

◦ **Ball-Stapler:** Das Kind klemmt den Ball zwischen die Füße und legt sich flach auf den Rücken. Es hebt den Ball langsam an und bewegt ihn im hohen Bogen über seinen Körper. Schließlich landet der Ball auf dem Boden hinter dem Kopf. **Aber aufgepasst:** Der Ball soll so ruhig abgelegt werden, dass er nicht davonrollt. Denn das Kind muss sich nun um seine eigene Achse drehen und den Ball wieder aufnehmen, um ihn erneut über dem Kopf abzulegen.

Hin und Her

Teamspiel

Alter: ab 3 Jahren
Anzahl: 2 Kinder und mehr
Material: 1 Ball für zwei Kinder

Die Kinder liegen einander bäuchlings gegenüber, mit Blickrichtung zueinander. Sie sollten sich gerade noch mit den Fingerspitzen berühren können.

Während nun Beine und Füße fest auf dem Boden liegen bleiben, reichen sich die Spielpartner einen Ball hin und her, indem sie Oberkörper, Arme und Ellenbogen anheben.

Es geht langsam los und wird immer schneller wiederholt.

Hinweis: Je schwerer der Ball ist, desto anstrengender wird das Spiel.

Balldiener

Bei dieser Übung wird nicht nur die Rücken-, Bauch- und Beinmuskulatur, sondern auch der Gleichgewichtssinn trainiert.

Alter:	ab 3 Jahren
Anzahl:	1 Kind und mehr
Material:	für jedes Kind 1 Stirnband (dehnbare Mullbinde) und 1 großer Ball

Jedes Kind verwandelt sich in einen ehrfürchtigen Diener und geht auf die Knie. Die Fußgelenke werden mit dem Stirnband oder der Binde gefesselt.

Das Kind erhält einen Ball und soll ihn hoch über den Kopf halten – der Oberkörper soll ganz gestreckt sein. Das Kind geht im Kniestand vorwärts, ohne den Ball zu verlieren und legt den Ball an einem vorher vereinbarten Punkt ab.

Variation für ältere Kinder

Alle Kinder knien entlang einer Startlinie nebeneinander. Mit Fußfesseln und Ball gehen sie um die Wette auf Knien zur Ziellinie vorwärts. Noch schwieriger wird es, wenn die gleiche Strecke außerdem rückwärts zurückgelegt werden soll.

Feuerwerk

Alter:	ab 3 Jahren
Anzahl:	4 Kinder und mehr
Material:	1 großes Tuch, 1 Tischdecke oder Bettlaken, leichte Bälle (z. B. Wasserbälle)

Die Kinder stellen sich um das Tuch, legen möglichst viele Bälle darauf und lassen sie durch Auf- und Abschwingen des Tuches tanzen.

Achtung: kein Ball soll auf dem Boden landen.

Hinweis: Kleine Kinder fangen mit einem Ball an.

Tipp: Nach einiger Zeit kann das bunte Ballfeuerwerk über einige Kinder regnen, die sich darunter stellen.

Variationen für ältere Kinder

Die Kinder lassen die Bälle auf dem Tuch hin und her rollen. Hier gilt es die Bewegungen aufeinander abzustimmen, damit die Bälle nicht auf einer Seite auf den Boden kullern.

Bergabenteuer

Alter: ab 3 Jahren
Anzahl: 1 Kind und mehr
Material: Medizinball (großer, schwerer Ball, der nicht wegrollt), Langbank

Die Kinder begeben sich auf einen schmalen, sehr gefährlichen Bergpfad, der durch einen Felsen versperrt wird.: In der Mitte einer Langbank liegt ein Medizinball.
Schaffen es die Kinder über die Bank zu balancieren, den Fels zu übersteigen und sicher auf der anderen Seite anzukommen?

Rinderjagd

Alter: ab 5 Jahren
Anzahl: 5 Kinder und mehr
Material: 1 Schleuderball), langes Seil oder Schnur

An den Schleuderball wird eine lange Schnur gebunden. Und schon kann eine Rinderjagd wie in Südamerika beginnen:
Die Kinder sind Rinder und stellen sich um den Cowboy, der mit dem Schleuderball in der Mitte steht auf. Der Cowboy nimmt die Schnur so lange, dass sie unter den Füßen der Rinder hindurchreicht und schleudert sie knapp über dem Boden im Kreis herum. Die Rinder springen schnell in die Höhe, wenn das Seil heranschwingt.
Wer zu langsam ist, hat Pech gehabt, bei ihm wickelt sich das Seil um die Füße und er muss ausscheiden oder mit dem Cowboy tauschen.

Esel treiben

Alter: ab 3 Jahren
Anzahl: 1 Kind und mehr
Material: Bälle, Papprollen, Kochlöffel oder Fliegenklatschen, 1 Reifen oder Kreide, eventuell Klebeband

Als Stall wird ein Reifen auf den Boden gelegt oder mit Kreide ein Kreis aufgezeichnet.
In einiger Entfernung stellen sich die Eseltreiber mit ihren Treibhilfen auf. Die Bälle sind störrische kleine Esel, die abends einfach nicht in den Stall wollen.
Die Eselstreiber haben alle Mühe, sie mit Hilfe der Papprollen, Kochlöffel oder Fliegenklatschen in den Stall zu treiben.

Variation für ältere Kinder

Jedes Kind erhält einen andersfarbigen Ball, damit die Esel gut zu unterscheiden sind.
Die Eselstreiber treiben um die Wette oder entlang einer Markierung, die auf den Boden gemalt oder geklebt wurde.

Ball-Lauftraining

Alter: ab 3 Jahren
Anzahl: 3 Kinder und mehr
Material: möglichst viele Bälle

Die Bälle liegen willkürlich auf dem Boden verteilt. Die Kinder rennen umher und gehen unterschiedlich mit den umherliegenden Bällen um:

⊙ Sie achten darauf, die Bälle nicht zu berühren.

⊙ Sie stoßen die Bälle, die im Weg liegen, mit den Händen weg. Dabei sollen abwechselnd die rechte und linke Hand oder beide Hände zum Einsatz kommen.

⊙ Sie kicken alle Bälle, die im Weg liegen, mit den Füßen weg.

⊙ Sie heben alle Bälle auf, die im Weg liegen und werfen sie möglichst hoch oder weit.

⊙ Sie hüpfen oder springen über alle Bälle, die im Weg liegen.

⊙ Sie rollen jeden Ball durch die gegrätschten Beine nach hinten. Dann geht es weiter zum nächsten Ball.

Hinweis: Machen Sie die Kinder unbedingt auf die Unfallgefahr durch rollende Bälle aufmerksam! Die umherrollenden Bälle erfordern erhöhte Vorsicht.

Bälle schnappen

Alter: ab 3 Jahren
Anzahl: 15 Kinder und mehr
Material: Bälle

Etwa die Hälfte der Kinder sitzt im Kreis auf dem Boden, mit etwas Abstand zueinander. In der Mitte liegen etwas weniger Bälle als Kinder außerhalb des Kreises sind. Diese Kinder laufen möglichst schnell um den Kreis.

Nach einem vereinbarten Signal, zum Beispiel wenn die Kinder auf der Kreislinie auf den Boden stampfen, gehen die Kinder schnell in den Kreis und schnappen nach einem Ball. Wer keinen Ball erwischt, kann sein Glück gleich im nächsten Durchgang erneut probieren.

Nach mehreren Wiederholungen werden die Rollen getauscht.

Variation für ältere Kinder

Es wird nur ein Ball weniger in den Kreis gelegt, als Kinder außen herum laufen. Wer keinen Ball erwischt, scheidet aus oder gibt ein Pfand.

Stecknadel im Heuhaufen

Alter: ab 3 Jahren
Anzahl: 2 Kinder und mehr, eventuell Spielleitung
Material: ein oder mehrere kleine Bälle, ein großer Heu- oder Laubhaufen

Heu steht nicht überall zur Verfügung, aber im Herbst findet sich leicht ein großer Laubhaufen, in dem ein kleiner Ball versteckt werden kann.
Auf ein Startsignal fangen alle Kinder an, nach der Stecknadel im Heuhaufen beziehungsweise dem Ball im Laubhaufen zu suchen.
Wer den Ball findet, darf ihn als nächster verstecken.
Wenn mehrere Bälle versteckt werden, kann um die Wette gespielt werden. Wer findet die meisten Bälle?

Ball-Rutschbahn

Alter: ab 3 Jahren
Anzahl: 2 Kinder und mehr, Spielleitung
Material: 1 Bettlaken, Bälle

Das Bettlaken mehrmals längs so zusammenfalten, dass eine Rinne entsteht. Die Spielleitung hält das eine Ende oben fest, ein Kind schräg nach unten das andere Ende, so dass sich das Tuch wie eine Rutsche spannt.
Das Kind legt den Ball oben in die Kullerbahn. Während der Rutschpartie des Balles saust es schnell ans Ende der Rutschbahn, um den Ball dort wieder aufzufangen. – Und schon kann die nächste Rutschpartie (eventuell mit einem anderen Ball) beginnen.

Werfen und Springen

Das Spiel lässt sich besonders gut am Strand oder auf einer Wiese spielen.

Alter: ab 4 Jahren
Anzahl: 2 Kinder und mehr
Material: Tennisbälle (ersatzweise Steine, Muscheln ...), eventuell Markierung, Stifte zum Markieren der Bälle

Die Kinder markieren ihren Ball mit unterschiedlichen Farben und Mustern, damit sie ihn leicht wieder erkennen können.

Eine Start- und eine Ziellinie werden markiert. Die Kinder nehmen ihren Ball und stellen sich entlang der Startlinie nebeneinander auf.
Ein Kind wirft seinen Ball ein Stück von sich in Richtung Ziel. Jetzt kann es Anlauf nehmen und von der Startlinie aus den Ball überspringen. Aber **Achtung:** Der Sprung ist nur gültig, wenn das Kind hinter seinem Ball aufkommt, andernfalls muss das Kind mit seinem Ball wieder zur Startlinie zurück. – Es ist also wichtig, den Ball nicht zu weit zu werfen und die eigene Springfähigkeit richtig einzuschätzen.
Wenn jedes Kind auf diese Weise gesprungen ist, beginnt die nächste Runde. Jedes Kind startet diesmal von seinem Ball aus. Wenn die Kinder mit Anlauf springen möchten, kann die neue Startlinie mit einem Stöckchen markiert werden, bevor der Ball geworfen wird.

Watscheln

Alter: ab 4 Jahren
Anzahl: 3 Kinder und mehr
Material: Bälle

Wenn die Kinder sich einen Ball zwischen die Beine klemmen und sich damit vorwärts bewegen, entsteht ein lustiger watschelnder Gang. Mit etwas Übung können sie auf diese Weise ein Wett-Watscheln veranstalten.

Alle stellen sich entlang einer Startlinie auf. Nach dem Startsignal watscheln alle los und versuchen möglichst schnell die Ziellinie zu erreichen.

Wer dabei allerdings den Ball verliert, muss sich wieder zurück zur Startlinie begeben und erneut starten. Gewonnen hat, wer die ganze Strecke einmal zurücklegt, ohne den Ball zu verlieren und zuerst die Ziellinie erreicht.

Obstkiste

Teamspiel

Alter: ab 4 Jahren
Anzahl: 2 Kinder und mehr
Material: für jedes Kind etwa 10 Bälle und 1 Kiste oder für alle eine Langbank

Mehrere Kinder oder zwei Gruppen treten gegeneinander an.

Jedes Kind liegt auf dem Rücken mit dem Kopf an einer Kiste, neben sich etwa 10 Bälle (evtl. ebenfalls in einer Kiste). Die Kinder klemmen sich die Bälle um die Wette zwischen die Füße und legen sie in der Obstkiste (oder hinter der Langbank) ab.

Ticken

Alter: ab 4 Jahren
Anzahl: 1 Kind und mehr
Material: weiche Bälle (evtl. Sockenbälle, S. 15)

Die Kinder ticken den Ball möglichst lange mit den Händen in die Luft, ohne dass der Ball den Boden berührt.

Natürlich kann auch mit jedem beliebigen Körperteil getickt werden, etwa mit dem Handrücken, dem Kopf, der Schulter, dem Ellenbogen, den Knien, dem Fuß ...

Variationen für ältere Kinder

◌ Ältere Kinder können um die Wette spielen, wessen Ball den Boden berührt, scheidet aus.
◌ Schwieriger wird es, wenn der Ball in die Luft geworfen wird und dann, ohne ihn mit den Händen zu berühren, in der Luft gehalten werden soll. Mit viel Geschicklichkeit können auf diese Weise auch mehrere Kinder zusammen spielen.

Gabelstapler

Kräftigt die Rückenmuskulatur.

Alter: ab 4 Jahren
Anzahl: 1 Kind mit einem Erwachsenen
Material: Bälle, eventuell ein Korb

Das Kind legt sich bäuchlings mit leicht gegrätschten Beinen auf den Boden. Der Erwachsene stellt sich zwischen die Beine, umfasst das Becken des Kindes und hebt es hoch. Das Kind nimmt als Gabelstapler Bälle auf und legt sie an einer anderen Stelle (in einem Korb) wieder ab.

Balltanz

Teamspiel

Alter: ab 4 Jahren
Anzahl: 6 Kinder und mehr, Spielleitung
Material: kleine Bälle, z. B. Tischtennis- oder Tennisbälle, Musik

Die Kinder bilden Paare und klemmen sich den Ball zwischen die Stirn. Sie tanzen mit dem Ball so lange, bis die Musik stoppt und die Spielleitung eine neue Anweisung gibt, zwischen welchen Körperteilen der Ball gehalten werden soll, z. B. zwischen den Wangen, den Schultern, den Handflächen, den Pos, den Knien, jeweils einem Finger ... Verliert ein Paar seinen Ball, holt es den Ball vom Feld, stellt sich an die Seite und unterstützt mit Klatschen die verbleibenden Paare bis zum nächsten Musikstopp.

Kopfballtraining

Hier wird besonders das Reaktionsvermögen geschult.

Alter: ab 4 Jahren
Anzahl: 2 Kinder und mehr
Material: Wasserbälle oder Softbälle

Mit weichen, leichten Bällen können auch kleine Kinder bedenkenlos Kopfball spielen. Abwechselnd zielen die Kinder auf den Kopf des Spielpartners oder kicken den Ball mit dem Kopf in die Luft.

Prinzessin auf der Erbse

Alter: ab 4 Jahren
Anzahl: 8 Kinder und mehr
Material: kleine Flummis (Gummibälle, ersatzweise Glasmurmeln), Musik

Ein Kind – der Prinz – verlässt den Raum. Ein anderes Kind wird zur Prinzessin und bekommt die Erbse (Flummi). Allerdings wird ihr die Erbse nicht unter die Matratze, sondern in den Schuh gelegt.

Alle Kinder tanzen zur Musik und versuchen dabei den Prinzen zu täuschen, indem sie sich so bewegen, als hätten sie die Erbse im Schuh.

Der Prinz, der auf Zuruf den Raum wieder betritt, macht sich auf die Suche nach der echten Prinzessin. Später werden die Rollen getauscht.

Ballfantasien

W er meint, Rollen, Werfen, Fangen, Zielen und Treffen sei alles, was mit einem Ball möglich sei, der irrt. Mit Bällen sind – mit etwas Fantasie – noch ganz andere Beschäftigungsmöglichkeiten und Spiele denkbar.

Eine kleine Auswahl fantasievoller Ballspiele soll in diesem Kapitel vorgestellt werden.

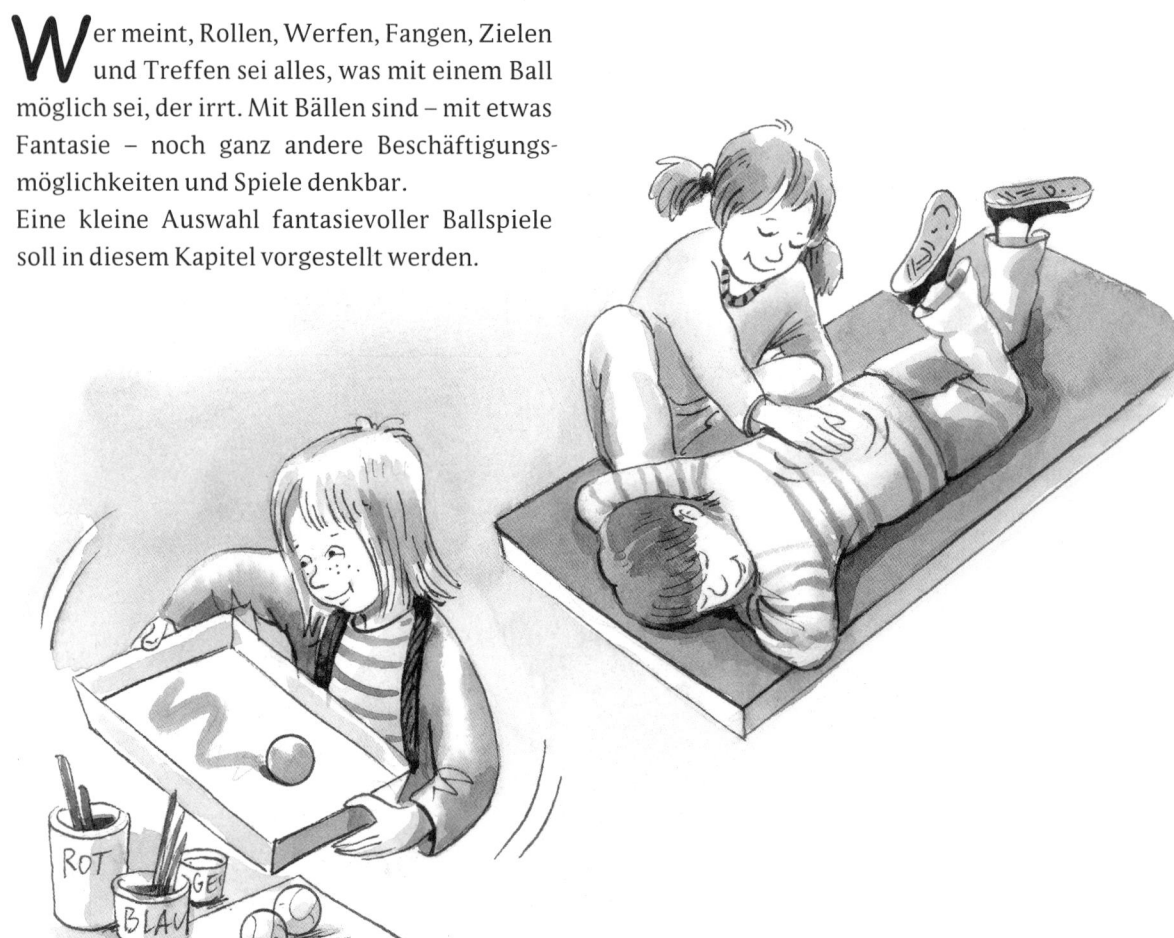

Ballspuren

Alter:	ab 3 Jahren
Anzahl:	1 Kind und mehr
Material:	1 Tischtennisball, flache Pappschachtel oder Pappdeckel (mit Rand), Finger- oder Plakafarbe, eventuell Pinsel und Stifte, eventuell auf die Größe der Pappschachtel passend zugeschnittenes Papier

Den Ball in die Finger- oder Plakafarbe eintauchen oder rundum satt anmalen und in die Pappschachtel legen.

Durch Bewegen der Schachtel wird auch der Ball in Bewegung versetzt und hinterlässt interessante Spuren auf der Schachtel.

Werden unterschiedliche Farben verwendet, kann an den „Kreuzungen" der Ballspuren erkannt werden, wie sich Farben verändern, wenn sie gemischt werden.

Tipp: Wird für das Ballspurenbild die Pappschachtel mit Papier ausgelegt, kann das Bild aufgehängt und die Schachtel mehrmals verwendet werden.

Variation für ältere Kinder

Auf den Schachtelboden werden Hindernisse oder Tore aufgezeichnet. Jetzt muss der mit Farbe versehene Ball geschickt an den Hindernissen vorbei und durch die Tore manövriert werden. Wie gut das gelungen ist, lässt sich anhand der Farbspuren leicht feststellen.

Ballmassagen

Eine sehr entspannende Angelegenheit.

Alter: ab 3 Jahren
Anzahl: 1 Kind und mehr
Material: 1 Tennis- oder Noppen- bzw. Igelball

Ein Kind und ein Erwachsener oder jeweils zwei Kinder bilden ein Paar.
Ein Kind liegt auf dem Bauch, eventuell über den Beinen des anderen.
Der Ball wird mit sanftem Druck, eventuell mit kreisenden Bewegungen über den Rücken, aber auch auf oder an den Armen und Beinen entlang gerollt.
Tipp: Kinder haben noch mehr Spaß an der Massage, wenn eine kleine Geschichte dazu erfunden wird.
Zum Beispiel: Ein Lastwagen ist auf einer langen Tour über Berg und Tal ...
Ein Käfer macht eine Entdeckungsreise ...

Ballversteck

Alter: ab 3 Jahren
Anzahl: 2 Kinder und mehr
Material: nicht zu große Bälle

Es finden sich immer zwei Kinder zusammen.
Ein Kind versteckt einen oder gar mehrere Bälle am Körper, am besten unter der Kleidung. Das andere sucht den Ball. Eine kitzelige Angelegenheit. Sobald der Ball gefunden wurde, werden die Rollen getauscht.
Hinweis: Nicht alle Kinder mögen dieses Spiel, selbstverständlich **muss** niemand mitspielen.

Ballbett

Eine spannende, die Sinne anregende Körpererfahrung.

Alter: ab 3 Jahren
Anzahl: 1 Kind und mehr
Material: möglichst viele, verschieden große, eher weiche Bälle oder Luftballons, große und kleine Kissenbezüge

Die Kissenbezüge werden (nicht zu prall!) mit Bällen oder Luftballons gefüllt. Die Kinder legen sich auf, in und unter die Luftballon-Kissen und lassen sich damit zudecken.

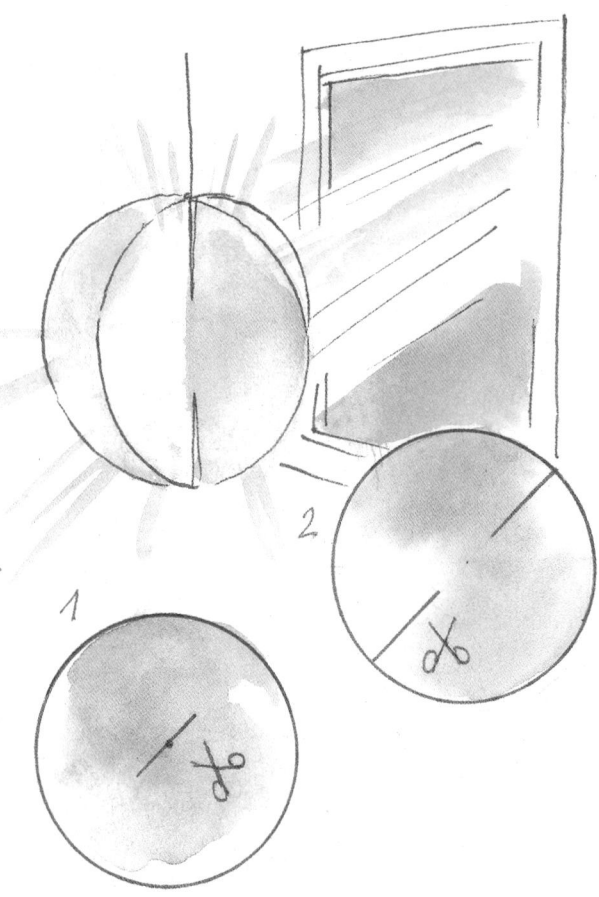

Ballhimmel

Alter:	ab 3 Jahren
Anzahl:	1 Kind und mehr, eventuell 2 Erwachsene zum Halten
Material:	durchsichtige Plastikfolie (z. B. Malerfolie), viele bunte Bälle

Zwei Erwachsene oder vier Kinder halten die Malerfolie locker, so dass sie leicht durchhängt. Die anderen Kinder legen möglichst viele bunte Bälle in die Folie und legen sich darunter. Die Folie wird zunächst ganz sanft, dann etwas stärker in Schwingungen versetzt.

Von unten ist es ein faszinierender Anblick, die bunten Bälle durcheinander rollen und hüpfen zu sehen.

Nach einiger Zeit werden die FolienhalterInnen abgelöst.

Trichter-Ballblasen

Ein guter Partytrick, mit dem sich so manche Wette gewinnen lässt!

Alter:	ab 4 Jahren
Anzahl:	1 Kind und mehr
Material:	1 Tischtennisball, 1 Trichter

Den Tischtennisball in den Trichter legen.

Das Kind versucht, den Ball von unten aus dem Trichter zu blasen. Das klingt ganz einfach – und doch wird es kaum einmal gelingen, weil der Ball nur im Luftstrom tanzt.

Tipp: Mit dieser Aufgabe, lässt sich schnell eine Wette gewinnen. Die meisten werden überzeugt sein, dass sie so einen leichten Ball ohne Anstrengung aus dem Trichter befördern können!

Spiegelbälle

Wird der Spiegelball an einem Faden aufgehängt, reflektiert er das Licht sehr schön, wenn er sich in warmer Luft leicht dreht.

Alter:	ab 4 Jahren
Anzahl:	1 Kind und mehr
Material:	Spiegelfolie, Schere, Nadel und Faden

Aus der Spiegelfolie zwei runde Scheiben schneiden.

Die eine Scheibe von der Mitte aus zweimal zum Rand hin, die andere Scheibe vom Rand zur Mitte hin einschneiden (siehe Abb.).

Die eine Scheibe durch den Schlitz in die andere stecken – fertig ist ein Spiegelball.

Rollbahn

Alter: ab 4 Jahren
Anzahl: 1 Kind und mehr
Material: Sand, Schaufeln, Papprollen,
                    Tischtennisbälle

Am Strand oder im Sandkasten lassen sich tolle Rollbahnen für Tischtennisbälle bauen. Jüngere Kinder schaufeln einfach einen hohen Sandberg, den sie gut festklopfen und glätten, bevor sie die Tischtennisbälle herunter sausen lassen. Ältere Kinder verwandeln eine große Sandburg mit leeren Papprollen in eine Rollbahn. Die Papprollen dienen als Tunnel und Brücken. Beim Bauen muss darauf geachtet werden, dass der Sand sehr gut festgeklopft wird, damit die Burg stabil genug wird für die Bahn, die eingekratzt und gegraben wird.

Schatzballsuche

Alter: ab 3 Jahren
Anzahl: 1 Kind und mehr
Material: Sand, Flummis (kleine
                    Gummibälle), eventuell Wanne

Im Sandkasten oder in einer Wanne, die mit Sand gefüllt wurde, werden so viele Gummibälle versteckt, wie Kinder anwesend sind. Jedes Kind darf nun nach einem Gummiball graben und suchen.
Tipp: Das wird schwieriger und gleichzeitig ein intensiveres Tasterlebnis, wenn mit verbundenen Augen oder gar mit den Füßen gegraben wird.

Wasserrakete

Besonders geeignet für den Start der Wasserraketen ist das Schwimmbad, denn hier können auch große Wasserbälle in die Luft gehen. In der Badewanne oder im Planschbecken heben eben kleinere Wasserraketen ab!

Alter: ab 3 Jahren
Anzahl: 1 Kind und mehr
Material: unterschiedlich große Bälle,
                    großer Wasserbehälter oder
                    Planschbecken

Einen Ball möglichst tief ins Wasser tauchen und plötzlich loslassen. – Er schießt wie eine Rakete aus dem Wasser.

Tipp: Kinder experimentieren gern mit Wasser und probieren aus, was schwimmt und was untergeht. Alle Bälle (und alle anderen Gegenstände), die gut schwimmen, können zur Wasserrakete werden.

Wasserrakete mit Gast

Im Schwimmbad legt sich ein Kind bäuchlings auf einen Wasserball. Jetzt wird der Ball etwas ins Wasser gedrückt und wieder los gelassen. Der Ball springt mitsamt dem Kind nach oben.
Hinweis: Je tiefer der Ball gedrückt wird, desto heftiger springt anschließend die Rakete. Deshalb sollte behutsam begonnen und langsam und nur so lange gesteigert werden, wie das Kind es als lustig empfindet.

Ballzauberei mit Becher

Alter:	ab 5 Jahren
Anzahl:	1 Kind und mehr
Material:	1 großer Becher oder Tasse (nicht durchsichtig), 2 Tischtennisbälle, 1 feines Tuch (z. B. Chiffon), Gummiring

Vorbereitung: In die Mitte des Zaubertuches einen Tischtennisball legen und mit einem Gummiring befestigen.

Zaubervorführung

Den leeren Becher den Zuschauern zeigen und den Tischtennisball hineinlegen. Das Zauber-tuch aus der Tasche nehmen und vorsichtig in den Becher „stopfen" (Ball und Gummi zuerst) und die Ränder des Tuches über den Rand aus-breiten.

Unter viel „Hokuspokus" abwechselnd an den Ecken des Tuches ziehen, bis der Ball heraus-springt.

Die Zuschauer wundern sich über das unver-sehrte Tuch.

Den Becher mit dem Tennisball und dem Gum-miring schnell und unauffällig verschwinden lassen!

Ballzauberei mit Taschentuch

Alter:	ab 5 Jahren
Anzahl:	2 Kinder und mehr
Material:	1 Stofftaschentuch, 1 Gummiball (Flummi), 1 Gummiring

Vorbereitung: Den Gummiball in die Mitte des Stofftaschentuches legen und mit dem Gummi-ring fixieren.

Zaubervorführung: Das Kind steckt das Taschen-tuch in die Hosentasche und wartet auf eine günstige Gelegenheit. Es niest einmal und zieht das Taschentuch aus der Tasche. Es niest noch einmal in das Taschentuch und schleudert dabei das Taschentuch schwungvoll auf den Boden.

Zum Erstaunen aller hüpft das Taschen-tuch jetzt völlig unnatürlich auf dem Boden davon.

Anhang

Alphabetisches Register

Zur Autorin

Johanna Friedl

ist Erzieherin, arbeitet als freiberufliche Autorin und hat bereits zahlreiche Spiel- und Beschäftigungsbücher veröffentlicht.

Sie lebt mit ihrer Familie in Erkheim/Allgäu. Während ihrer Tätigkeiten im Kindergarten und in der Mittagsbetreuung einer Grundschule hat sie ideale Voraussetzungen, um ihre Ideen ganz praktisch zu erproben.

Zur Illustratorin

Kasia Sander

geb. 1964 in Gdnya (Polen). Studium an der Kunstakademie in Danzig. 1986 Übersiedlung nach Recklinghausen, Studium und Diplom an der Fachhochschule für Design in Münster.

Seit dem Abschluss arbeitet sie als freie Illustratorin für Buchverlage und als Karikaturistin für die Recklinghauser Zeitung. Teilnahme an mehreren Einzel- und Gruppenausstellungen.